Carlo Maria Martini

Ohne Tugend geht es nicht

Carlo Maria Martini

Ohne Tugend geht es nicht

Was unsere Gesellschaft braucht

VERLAG NEUE STADT
MÜNCHEN · ZÜRICH · WIEN

Titel der Originalausgaben:

Teil I: Viaggio nel vocabolario dell'etica (Auszüge),
© 1993 Edizioni Piemme S.p.A., Casale Monferrato.
Teil II: Le virtù, © 1993 Cooperativa In Dialogo, Mailand.
In deutscher Sprache zuletzt erschienen unter dem Titel „Damit Leben stimmig wird. Orientierungen" (Verlag Neue Stadt) München 2001. Der vorliegende Band ist eine überarbeitete Neuausgabe.

Übersetzung aus dem Italienischen: Stefan Liesenfeld

2009, 1. Auflage der Neuausgabe

Umschlaggestaltung und Satz: Neue-Stadt-Graphik
Druck: Druckhaus Köppl und Schönfelder, Stadtbergen
ISBN 978-3-87996-770-4

Inhalt

Vorwort zur Neuausgabe 7

ABSTECHER INS WÖRTERBUCH
DER SOZIALETHIK 9

Ethik 11 – Ethik, Recht und Moral 13 – Integres, ehrenhaftes Verhalten 16 – Transparenz 19 – Offenheit und Ehrlichkeit 21 – Loyalität 24 – Gemeinwohl 25 – Das Prinzip Verantwortung 26 – Ethik und Politik 28 – Staatsräson 29 – Gewissen 31 – Evangelium und Politik 32

GRUNDHALTUNGEN MENSCHLICHER
UND CHRISTLICHER EXISTENZ 35

Die Kardinaltugenden 37

Klugheit 37 – Gerechtigkeit 45 – Tapferkeit 54 – Mäßigung 64

Glaube – Hoffnung – Liebe 71

Glaube 73 – Hoffnung 79 – Liebe 87

Gefragt sind
authentische und integre
Persönlichkeiten.
Das alte Wort Tugend
verdient neue Beachtung.

Vorwort

Als die beiden kurzen Texte, die hier in einem Band zusammengefasst sind, 1993 erschienen, ahnte niemand, dass sie 15 Jahre später eine Neuausgabe erleben würden. Das Thema „Tugend" schien zwischenzeitlich so manchem als etwas Vorgestriges. Vieles deutet heute, in Zeiten von beschleunigtem Klimawandel und Finanzkrise, aber auch vor dem Hintergrund der Verunsicherungen in Sachen Lebens-, Beziehungs- und Erziehungsstilen auf ein neues Interesse hin.

Die Ausführungen Carlo M. Martinis zeigen in diesem Kontext eine überraschende Aktualität, fast möchte man sagen: Hellsichtigkeit. Der frühere Mailänder Erzbischof, lange als Papstkandidat „gehandelt", suchte unentwegt den Dialog – mit sogenannten einfachen Leuten wie mit der zeitgenössischen Kultur. Sein Gespür für Entwicklungen ist dabei stets verbunden mit einer tiefen Kenntnis der biblischen Botschaft. Er war zu der Überzeugung gekommen: Christsein = unverkürztes Menschsein; denn es ist in aller Gebrochenheit und Zerbrechlichkeit ein erfülltes Leben aus der Kraft, die aus dem Wort Gottes kommt. Und zwar nie bloß im privaten Alltag (auch dies!), sondern immer auch auf der breiten Skala gesellschaftlichen, politischen, ökonomischen Handelns – ohne räumliche oder zeitliche Beschränkung. Wir leben in einem globalen Dorf und tragen eine immense Verantwortung für die künftigen Generationen. Im Kleinen wie im Großen stellen wir fest: Ohne Tugend geht es nicht. Eine Gesellschaft krankt, wenn Transparenz, Anstand, Ehrlichkeit mit Füßen getreten werden. Wir brauchen begründetes Vertrauen, wir brauchen neues Vertrauen, das durch Kontrollmechanismen allein nicht herzustellen ist. Wir brauchen integre Persönlichkeiten. Ja, es stimmt: Das alte Wort „Tugend" verdient neue Beachtung. Mit Moralintropfen hat dies nichts zu tun; sie würden keinem bekommen und kaum etwas bewirken. Eine Vergewisserung aber, auf welchen Grundhaltungen wir unser Leben und Zusammenleben bauen können, tut not.

Carlo Maria Martini nimmt in zwei Anläufen mit auf diesen Weg des Nachdenkens:

– in einem „kleinen Abstecher ins Wörterbuch der Sozialethik" und

– in seiner Reflexion über zwei bedeutende „Tugend-Reihen": die klassischen Kardinaltugenden Klugheit, Gerechtigkeit, Tapferkeit und Mäßigung sowie die sogenannten theologischen Tugenden Glaube, Hoffnung und Liebe.

Wenn Carlo M. Martini dabei oft auf biblische Texte verweist und einlädt, mit Gott ins Gespräch zu kommen, so hat das seinen guten Grund: Er ist überzeugt, dass die Quelle und der letzte Garant aller Menschlichkeit der ist, der Welt und Mensch geschaffen hat. Tugend ist nie Selbstzweck, sondern ausgerichtet auf ein menschliches Beziehungsgeflecht, das aus der Verbindung mit seinem Ursprung und Halt lebt.

Stefan Liesenfeld

Abstecher ins Wörterbuch der Sozialethik

Schon als kleiner Junge konnte ich mich darin verlieren, in Wörterbüchern zu stöbern ... Die Reise durch ein Wörterbuch kann eine spannende Angelegenheit sein.

Ich möchte Sie einladen, sich auf einen kurzen Abstecher ins Wörterbuch der Moral, insbesondere der Sozialethik, einzulassen. Heute ist viel von Ethik und öffentlicher Moral die Rede. Manche Historiker meinen, je schlechter es in einer Gesellschaft um die öffentliche Moral bestellt sei, desto mehr werde von ihr gesprochen ... Nicht von ungefähr waren die großen Epochen ethischer Reflexion Zeiten des Übergangs, in denen korruptes Verhalten nicht selten war. Wenn aufgrund kultureller Umbrüche Sicherheiten schwinden, verliert man sich leicht und tut, was einem gefällt; Privat- oder Gruppeninteressen werden um jeden Preis geschützt, gegebenenfalls auch auf kriminelle Weise. In solchen Zeiten wendet man sich wieder der Ethik zu und spricht von der öffentlichen Moral. Gefragt sind Normen für das eigene Verhalten wie für das gesellschaftliche Gefüge.

Heute sind solche Dinge in aller Munde; Begriffe, deren Bedeutung kaum jemand richtig kennt, werden Modewörter. In diesem schmalen Bändchen geht es mir nicht um einen Traktat in Sachen Moral. Ich werde mich damit begnügen, der Bedeutung einiger Schlüsselwörter nachzuspüren. Sie können helfen, ein rechtes Urteil über gesellschaftliches, behördliches und politisches Verhalten zu fällen, wenn unsere Verantwortung für die Gemeinschaft ins Spiel kommt.

Zwei Gruppen von Begriffen werden uns beschäftigen: zum einen eine Art Symbole, die oft gebraucht werden, obwohl nur wenige genauer angeben können, was gemeint ist: Ethik, Moral, Gewissen, Verantwortung, Gemeinwohl, Recht; zum anderen Begriffe, deren Bedeutung allgemein klar scheint. Doch in der Praxis zeigt sich dann, wie unterschiedlich sie verstanden werden. Ich denke an Wörter wie Aufrichtigkeit (was meint Aufrichtigkeit in der Politik?), Transparenz, Ehrlichkeit, Loyalität gegenüber Institutionen.

Mir scheint, dass unsere Zeit für solche Klärungen offen ist. Könnte aus dem linguistischen Abstecher nicht ein neuer Aufbruch werden? Wichtig ist dabei die richtige Grundhaltung: ein gesunder Optimismus – auch in Sachen Moral!

ETHIK

Ethik ist ein schwieriges Wort, dem in unserem Zusammenhang eine Schlüsselfunktion zukommt. Mindestens vier Bedeutungen lassen sich unterscheiden:

1. Wortgeschichtlich spielt „Ethik" an auf das, was man zu tun pflegt, auf das gängige, das normale Verhalten. Das griechische Wort *ethos* bezeichnet die gesellschaftlichen Gepflogenheiten, die Art und Weise, wie Menschen sich in einer bestimmten Gesellschaft zueinander verhalten.

2. Die Griechen dachten dabei freilich nicht an irgendeine Gesellschaft, sondern an eine wohlgeordnete Gesellschaft. *Ethik* verweist somit auf jene Verhaltensweisen, die eine Gesellschaft aufgrund langer Erfahrungen und in weiser Einsicht als positiv erachtet: das, was dem Frieden und der gesellschaftlichen Ordnung dient, was dem Fortschritt der Bürger zugutekommt und den Lebensstandard aller verbessert. Solche Verhaltensweisen gelten als „ethisch", das heißt als ethisch gut.

3. Darüber hinaus wird das Wort auch in absolutem Sinn verwendet: *Ethisch* ist nicht nur, was man in einer guten Gesellschaft zu tun pflegt, sondern das,

– was in sich gut ist;

– was in jedem Fall und um jeden Preis getan oder unterlassen werden muss, ungeachtet persönlicher oder gesellschaftlicher Vorteile, die sich daraus ergeben;

– was ganz der menschlichen Würde entspricht und dem Menschenunwürdigen widersteht;
– was unveräußerlich und nicht diskutabel ist und auch nicht durch einen Kompromiss festgelegt werden kann.

4. Schließlich bezeichnet *Ethik* die philosophische Reflexion auf das menschliche Verhalten und seinen letzten Sinn.

Die Menschheit darf sich rühmen, intuiert zu haben, dass es Verhaltensweisen gibt, die sich nicht nur an Gefallen, Nutzen und persönlichem Interesse orientieren. Man weiß um Verhaltensweisen, die jenseits aller irdischen Wertschätzung stehen.

Mit aller Entschiedenheit sei hier nochmals vermerkt, in welchem Geist, in welcher Haltung von der Ethik zu sprechen ist: in einem Geist des Optimismus. Ich möchte kurz erklären, warum mir daran so viel gelegen ist. Wenn korrektes Verhalten eingefordert wird, ist das oft mit grimmigen Untertönen verbunden, die der Sache offenbar den gebotenen Ernst verleihen sollen. Und wie oft wird ein leidiges Klagelied angestimmt, wenn die Nichtbeachtung moralischer Vorschriften festgestellt wird. Moralisten gelten seit jeher als gestrenge, rigide Gestalten, als Querulanten, die immer etwas zu kritisieren und zu tadeln haben und das Böse in der Welt an den Pranger stellen. Ganz unrecht haben die Moralisten ja auch nicht. Und doch vertrete ich die Auffassung, dass die Ethik die Menschen vor allem ermutigen, inspirieren und bestärken sollte. Das große Wort der Ethik lautet: *Du bist zu mehr im-*

stande! Du kannst es besser machen! Du bist in deinem Leben zu etwas Schönem berufen! Es ist möglich, ein anständiger Mensch zu sein, und du wirst sehen, dass es ein interessanter innerer Weg ist, der manchmal einem wahren Abenteuer gleicht.

Einen solchen Geist des Optimismus brauchen wir, damit wir uns nicht in unfruchtbarem Lamentieren verlieren, sondern der grundlegenden ethischen Weisung folgen: *Versuche, mehr du selber zu werden; versuche, wahrhaftiger, freier und verantwortlicher zu leben!*

ETHIK, RECHT UND MORAL

Ethik, Recht und Moral: drei schwierige Begriffe. Sie ausführlich zu erläutern nähme viel Zeit in Anspruch und führte uns in eine Vielzahl von Kontroversen hinein. Hier nur einige Anmerkungen.

Vielleicht fragt sich der eine oder andere: Warum spricht ein Bischof über diese Themen? Ich habe mich das auch gefragt, und ich möchte zur Erklärung hier ein klein wenig ausholen. Wie gesagt, beschäftigt sich die *Ethik* u. a. mit der Frage, inwieweit bestimmte Handlungen der menschlichen Würde entsprechen oder nicht. Wenn zu Beginn des Zweiten Weltkriegs ein Kunstkritiker angesichts der drohenden Zerstörung von Kunstwerken sagte: „Lieber ein Mensch erschossen als ein Meisterwerk zerstört!“, so begreift man auf Anhieb, dass dies

schlechterdings unmoralisch ist. Dahinter steht ein Denken, das nie gebilligt werden kann. Auch wenn wir die großen Werke der Kunst als Schätze der Menschheit erachten, so wissen wir, dass diese weit mehr wert ist als ihre Schätze.
Die Ethik lehrt uns, derartige Verirrungen, die jedem menschlichen Empfinden widersprechen (wie etwa der Rassismus), zurückzuweisen. Ethik ist jene Disziplin, die sich mit den Wertvorstellungen und Verhaltensweisen des Menschen beschäftigt.
Das *Recht* hingegen ist das Gesamt „positiver Normen", die sich eine Gesellschaft gibt, um auf die ethischen Imperative zu antworten und sie in die tägliche Praxis zu übertragen. Das Recht allein kann allerdings das allgemeine ethische Verhalten nicht garantieren: Es ist das Gefüge äußerer Normen, die eine grundlegende Übereinstimmung der Bürger und Bürgerinnen bezüglich der großen Regeln zwischenmenschlicher Beziehungen voraussetzen. Wenn über die wesentlichen Grundhaltungen Meinungsverschiedenheiten aufkommen, wenn etwa die Achtung vor dem Leben nicht mehr einhellig bejaht wird, dann droht einer Gesellschaft die Auflösung. Auf lange Sicht wird sie sich keine rechtlichen Normen mehr geben können, welche die unantastbare Würde eines jeden Menschen sicherstellen.
Von dieser Überlegung aus werden die Unterschiede und die wechselseitigen Beziehungen von Recht und Moral deutlich. *Moral* betrifft in diesem Zusammenhang das gute zwischen-

menschliche Verhalten, die rechte Form des Umgangs mit dem Menschen, den ich als Bruder, als Schwester anerkennen will. Das Recht beschränkt sich darauf zu sagen: Respektiere den anderen, auch den Fremden, den Ausländer, fördere das Gemeinwohl, schädige es zumindest nicht. Die Moral hingegen sagt: Werde deinem Mitmenschen zum Nächsten, betrachte jeden als einen, der zu deiner Familie gehört, soweit es dir möglich ist. Die erste moralische Regel wird in Jesu Gleichnis vom guten Samariter anschaulich: Er steigt vom Pferd, um dem Verletzten, einem Fremden, zu helfen, und er tut alles für ihn. Moralisches Verhalten bedeutet, den anderen das zu tun, was wir selbst an uns getan haben möchten. Recht und Moral stehen nicht im Widerspruch, sondern sind Verbündete im Blick auf das Ziel, eine Gesellschaft zu schaffen, in der alle miteinander leben können: eine gute, geschwisterliche Gesellschaft. Dies ist das Ideal einer Gemeinschaft, die Maß an der menschlichen Person nimmt. Ein solches Ideal erwächst nicht zuletzt aus einem religiösen Credo, das – wie etwa in der jüdisch-christlichen Tradition – einen starken ethischen Gehalt hat. Deshalb kann sich auch ein Bischof zu solchen Themen äußern.

INTEGRES, EHRENHAFTES VERHALTEN

Aufrichtige, ehrenhafte Menschen sind gesucht, beispielsweise in Politik, Wirtschaft und Verwaltung. Doch ist es im öffentlichen Leben überhaupt möglich, sich stets integer zu verhalten? Welche Vorbedingungen sind nötig?

Wörter wie *ehrlich* und *ehrenhaft* leiten sich von „Ehre“ her. Ehre bezeichnet sowohl das Ansehen, den guten Ruf, den jemand in einer sozialen Gruppe genießt, wie auch das Bewusstsein der eigenen Ehre. Wer dementsprechend handelt, bewahrt ein reines Gewissen, und in einer intakten Gesellschaft wird er geschätzt und anerkannt. Aufrichtig und ehrenhaft sein bedeutet, seinem Gewissen zu folgen und die Gesetze zu achten.

Der lateinische Begriff für Ehre, *honestas,* hat eine weitere Bedeutung: Er meint auch „Schönheit“. Zugrunde liegt die Intuition, dass moralisches Handeln etwas Schönes ist, eine tiefe Freude für den Geist, etwas, was in das Leben einer Gesellschaft eine freudige Note bringt.

Es ist schon viel getan, wenn sich jemand an die Gesetze, an die positiven Normen hält. Doch das äußere Befolgen der Gesetze ist nicht alles. Im Evangelium steht das Mahnwort: „Weh euch …! Ihr gebt den Zehnten von Minze, Dill und Kümmel und lasst das Wichtigste im Gesetz außer Acht: Gerechtigkeit, Barmherzigkeit und Treue. Man muss das eine tun, ohne das andere zu lassen“ (Mt 23,23).

Eine ernste Frage, der sich die Politik stellen muss, betrifft Gesetze, in Italien etwa das zur Parteienfinanzierung, deren Bestimmungen in der Praxis ganz schwer einzuhalten sind, sodass auch anständige, uneigennützig denkende Personen dahin kommen, sie zu übertreten. Allen ehrlichen, aufrichtigen Bürgern sollte es möglich sein zu leben, ohne mit dem Gesetz in Konflikt zu kommen.

Des Öfteren bekomme ich Briefe, in denen jemand etwa Folgendes schreibt: „Sie haben gut reden, dass man anständig und ehrlich sein und auf das Gemeinwohl achten soll ... Mein Sohn (oder mein Mann) hat sich darum bemüht; nie hat er sich bei der Arbeit auf krumme Sachen eingelassen. Und was hat er nun davon? Man hat ihn ausgegrenzt und verlacht; er hat keine Karriere gemacht ... Was hat man davon, anständig zu sein?“

Solche Briefe setzen mir arg zu. Die Beispiele zeigen, dass es unbestreitbar schwierig ist, aufrichtig und ehrenhaft zu leben; oft zahlt es sich nicht aus ... Mir scheint, dass es zwei Weisen gibt, damit umzugehen. Entweder man nimmt es als gegeben hin, dass eine Gesellschaft nicht ehrlich und anständig sein kann, dass es moralisch immer mehr bergab geht. Man resigniert und versucht sich zu schützen, so gut man kann; Hoffnung, dass es anders werden könnte, gibt es nicht.

Oder, und dies ist die Alternative, man hofft trotz allem, dass eine Gesellschaft besser werden kann, als sie heute ist. Solche Hoffnung braucht einen langen Atem; mit schnellen Erfolgen ist nicht zu rechnen. Man muss sich darauf einstellen, dass einem Opfer abverlangt werden und dass man dunkle Momente durchleben wird. Doch wer aus dieser Hoffnung lebt, fühlt sich aufgerufen, alles in seiner Macht Stehende zu tun, damit zumindest in der eigenen Umgebung mehr Offenheit und Ehrlichkeit herrschen. Dem Einzelnen wird dabei zwangsläufig manches abverlangt, und dennoch scheint es mir der einzige Weg einer Erneuerung, die einzige Form, um Missständen wirksam entgegenzutreten.

Denjenigen, die dafür persönliche Nachteile in Kauf nehmen mussten, pflege ich zu sagen: Ihr habt ein Zeichen gesetzt! Und das ist nicht vergebens. Nichts geht verloren von dem, was jemand im Einklang mit seinem Gewissen getan hat. Eines Tages wird man euch dafür dankbar sein! Ich bin sicher, dass dem die Ehre gebührt und am Ende auch zuteil wird, der ehrlich und anständig gehandelt hat.

Auf eine vollkommene Gesellschaft brauchen wir nicht zu hoffen; dazu wird es auf Erden vielleicht nie kommen. Wohl aber sollten wir die Hoffnung auf eine gerechtere, menschenwürdigere Gesellschaft als die heutige wach halten. Sie wird geschaffen durch den persönlichen Einsatz und die Opferbereitschaft aller aufrichtigen, ehrlichen Menschen. Es hängt von meinem guten Willen und vom guten Willen anderer ab. Ein jeder, eine jede ist ganz persönlich gefordert. Wer Glauben hat, und sei es „nur" der Glaube an das Geheimnis der menschlichen Person, wird anerkennen, dass der Glaube der einzig mögliche Weg ist für eine Menschheit, die zu Größerem bestimmt ist und deren Hoffnungen nicht enttäuscht werden sollen.

TRANSPARENZ

Als „transparent" bezeichnet man einen lichtdurchlässigen Körper, durch den man hindurch sieht auf das, was hinter ihm liegt. Transparent sind Wasser, Luft, Glas. In der Politik wie in der Wirtschaft wird heute viel von „Transparenz" gesprochen: Man will Klarheit darüber, was sich beispielsweise hinter Worten von Politikern und hinter Zahlen von Bilanzen verbirgt. Die häufige Verwendung des Begriffs macht deutlich, dass die Transparenz allzu oft vermisst wird. In politischen Programmen und Absichtserklärungen, in der Verwaltung, ja selbst in Rechtsnormen vermutet man versteckte Absichten oder auch Beschönigungen: Vielfach wird man den Verdacht nicht los, dass die Betreffenden anderes zu tun gedenken, als sie nach außen sagen, vielleicht auch, dass unsaubere Machenschaften oder illegale Geschäfte vertuscht werden sollen.
Dennoch sollte man nicht davon ausgehen, dass sich hinter der Fülle von Worten und dem Wirrwarr von Normen und Gesetzen zwangsläufig unredliche Absichten verbergen. Viel von dieser undurchsichtigen Flut hängt schlicht mit dem zusammen, was die Soziologen eine „komplexe Gesellschaft" nennen. Verschiedene Gruppen

mit ihrer eigenen Sprache, unterschiedliche Systeme mit ihren je eigenen linguistischen Codes leben zusammen. Für den Nichtfachmann ist es daher oft schwierig, die Sprache zu verstehen, die in der Gesetzgebung, in der Finanzwelt, in der öffentlichen Verwaltung verwendet wird.
Gewiss wäre es unangebracht, dieser komplexen Gesellschaft mit generellen Verdächtigungen zu begegnen, als ob hinter jeder schwer verständlichen Norm oder hinter jeder unklaren Zahl einer Bilanz unlautere Absichten stecken oder irgendetwas geheim gehalten werden solle. Allgemeines Misstrauen ist kein tragfähiges Fundament für eine Gesellschaft. Selbstverständlich brauchen wir Wachsamkeit und aufmerksame Kontrollen. Doch wenn ein Minimum von Vertrauen fehlt, wenn das Misstrauen gegenüber allem und jedem zum Prinzip wird, zermürbt und untergräbt dies sehr schnell die zwischenmenschlichen und gesellschaftlichen Beziehungen.
Bevor ein Verdacht geäußert oder eine nicht belegte Anschuldigung erhoben wird, ist der Sachverhalt unvoreingenommen zu prüfen. Es braucht den Mut, eventuell erforderliche Erklärungen einzufordern und von einem Politiker, von jemand aus der Verwaltung oder vom Gesetzgeber Auskunft zu verlangen, was womit gemeint ist, was die Intention ist, die hinter einer Äußerung oder einem Text steht.

Transparenz ist insbesondere von denen verlangt, die Verantwortung tragen. Dies hat einen tiefen Grund. Im Evangelium heißt es, dass der-

jenige sein Leben finden wird, der es verliert. Wer stets seine eigene Haut retten und sich bei jeder Gelegenheit rechtfertigen will, erweckt den Eindruck, um jeden Preis seine Interessen durchsetzen oder etwas verschweigen zu wollen. Wer hingegen seinen Nächsten liebt wie sich selbst und das Gemeinwohl, dem er sich verpflichtet weiß, über alles stellt, der wird schon durch sein Tun bezeugen, dass er keine versteckten Absichten verfolgt. Wenn wir solchen Menschen begegnen, schwindet das Misstrauen; neues Vertrauen keimt auf: Vertrauen, ohne das es keine gute Regierung und keine gute Verwaltung geben kann.
Transparenz, so möchte ich abschließend sagen, ist dort möglich, wo der ehrliche Wille vorhanden ist, sich aufrichtig *in den Dienst* der anderen zu stellen.

OFFENHEIT UND EHRLICHKEIT

Als ehrlich und aufrichtig bezeichnen wir jemand, der klar und rein ist, einen offenen Menschen ohne Falsch. Man denke an die Redewendung „reinen Wein einschenken": Reiner Wein ist unverfälscht und unvermischt, frei von Zusätzen, aus einem ganz bestimmten Anbaugebiet. Aufrichtigkeit in zwischenmenschlichen Beziehungen meint Echtheit und Klarheit ohne Heuchelei und Falschheit. Wir sprechen von einem „aufrichtigen Freund", von „aufrichtiger Zuneigung". Aufrichtigkeit im Sprechen ist die

Übereinstimmung zwischen dem, was man sagt, und dem, was man denkt und fühlt; es ist die Transparenz im Ausdruck.

Im Alltag drängt sich manchmal die Frage auf: Ist es sinnvoll und richtig, immer alles zu sagen? Wäre ein Zusammenleben überhaupt denkbar, wenn alle Gefühle unverhohlen geäußert würden, oder haben nicht doch auch die Scham und die Privatsphäre ihr gutes Recht? Solche Fragen betreffen ganz besonders die Medien. Denn es gibt Bereiche, die Diskretion und Verschwiegenheit verlangen. Doch auch im persönlichen Lebensbereich stellt sich die Frage, wie weit die Offenheit und Ehrlichkeit gehen kann: Inwieweit etwa soll man einem Schwerkranken die Wahrheit sagen, wenn dadurch seine Widerstandskraft im Kampf gegen die Krankheit geschwächt wird?

Es sind komplexe Themen; wie immer im Leben sollten wir uns vor vorschnellen, allzu einfachen Antworten hüten. An zwei Grundsätze möchte ich erinnern:

– Ehrlichkeit und Aufrichtigkeit sind zunächst als die Bereitschaft zu verstehen, all das zu sagen, was in einer bestimmten Situation oder in einer Beziehung zu anderen Menschen von der Sache her geboten ist. Das heißt: *Aufrichtigkeit verlangt die Fähigkeit der Unterscheidung.* Man muss erkennen, was alle wissen sollen und was nicht. Schamlosigkeit und Denunzierung oder Verrat eines Berufsgeheimisses – all das hat nichts mit Aufrichtigkeit und Ehrlichkeit zu tun. Denn die zwischenmenschlichen Beziehungen werden dadurch nicht transparenter, sondern getrübt.

– Ehrlichkeit und Aufrichtigkeit beinhalten zudem die Entschlossenheit, sich nie der Lüge zu bedienen. Auch wer um eines offenkundig guten Zieles willen lügt – und das gilt besonders für Politiker –, zerstört seine Glaubwürdigkeit und die der eigenen Partei.

Daraus ergibt sich eine wichtige Konsequenz: *Aufrichtigkeit beinhaltet die Bereitschaft, eventuelle schmerzliche Folgen oder Unannehmlichkeiten auf sich zu nehmen.* Sie zahlt sich nicht immer gleich aus, und doch kann sich eine transparentere Gesellschaft nur auf eine solche Aufrichtigkeit gründen: auf ehrliche Menschen, deren gesellschaftliches und politisches Handeln über jeden Verdacht erhaben ist, auf Menschen, die sich das nötige Vertrauen erwerben – für das Leben in der eigenen Familie und im Zusammensein mit anderen. Auch die nationale und internationale Gemeinschaft lebt von Vertrauen. Es ist ermutigend, dass durch Aufrichtigkeit manches wiederhergestellt werden kann, was durch dunkle Machenschaften Schaden genommen hat.

LOYALITÄT

Als „loyal" wird jemand bezeichnet, dem man vertrauen kann, auf dessen Wort Verlass ist, mit dem man gern zusammenarbeitet, vielleicht sogar eine freundschaftliche Beziehung knüpft. Einen unloyalen Menschen möchte niemand zum Freund, Arbeitskollegen oder Handelspartner haben.

Der Begriff, der im Bereich persönlicher Beziehungen öfter verwendet wird, stammt ursprünglich aus einem ganz anderen Umfeld; er hängt mit „legal" zusammen. Im Mittelalter bezeichnete *Loyalität* die Treue zwischen einem niederen und einem höher stehenden Vasallen; er bezog sich also auf gesellschaftliche Beziehungen. Heute steht der Begriff Loyalität für zwischenmenschliche Beziehungen auf höchstem moralischem Niveau, er beinhaltet auch Ehrlichkeit und Aufrichtigkeit. Doch die gesellschaftliche Dimension der „Loyalität" verdient besondere Beachtung: Ich denke dabei an das „loyale" Verhalten der Staatsbürger gegenüber den Institutionen. Diese Akzentuierung hat ihren Grund. Denn im persönlichen Umfeld ein „loyaler" Partner zu sein ist wichtig, doch wenn dies zu eng gefasst wird, kann sich die vermeintliche „Loyalität" in etwas Schlechtes, im schlimmsten Fall gar in kriminelles Verhalten verkehren: wenn jemand im Namen der „Loyalität" zu seiner Gruppe die Rechte anderer verletzt. Echte Loyalität muss sich auf das ganze Gefüge von Beziehungen erstrecken, auf die sich eine Gemeinschaft gründet. Loyalität im persönlichen und im öffentlichen, politisch-gesellschaftlichen Raum gehören zusammen; es geht um das gesamte Verhalten, nicht nur um die Privatsphäre. Nur wenn Loyalität so verstanden wird, können wir für das sogenannte Gemeinwohl Sorge tragen.

GEMEINWOHL

Der Begriff „Gemeinwohl" ist schwierig zu definieren. Gemeinwohl, lateinisch *bonum commune,* ist eine Zusammensetzung zweier Wörter: *bonum* (Gut, Wohl) bezeichnet die Gesamtheit dessen, was wir uns und denen, mit denen wir verbunden sind, wünschen. *Commune,* (all)gemein, leitet sich wahrscheinlich von *cum munus* her, das meint eine miteinander vollbrachte Aufgabe. Die Wortgeschichte erschließt uns aber noch nicht die besondere Bedeutung, die der Begriff Gemeinwohl von der christlichen Tradition her gewonnen hat und die sich auch in den Texten des Zweiten Vatikanischen Konzils widerspiegelt. Unter Gemeinwohl verstehen wir *die Gesamtheit der Lebensbedingungen einer Gesellschaft, die das Wohlergehen und den menschlichen Fortschritt aller Bürgerinnen und Bürger fördern.*
Dazu zählt etwa die demokratische Grundordnung, ebenso alle Bedingungen und Voraussetzungen, die den kulturellen, spirituellen, moralischen und wirtschaftlichen Fortschritt aller ohne Ausnahme begünstigen. Das Gemeinwohl ist also eine überaus wichtige Kategorie. In gewisser

Weise liegt es der Konstitutierung einer Gesellschaft voraus (Gesellschaft meint ja das Beziehungsgefüge zwischen den sie bildenden Personen); andererseits muss das Gemeinwohl Frucht des Einsatzes aller, nicht bloß einiger weniger sein. Es kommt verschiedenen Institutionen zu, über das Gemeinwohl zu wachen: der Familie, der Schule, allen gesellschaftlichen Institutionen. *Jeder von uns und wir alle zusammen tragen Verantwortung für das Gemeinwohl.*

DAS PRINZIP VERANTWORTUNG

Jeder hat eine Vorstellung davon, was „Verantwortung" bedeutet. Das Wort kommt von „antworten". Im lateinischen *respondere* steckt *spondere* (versprechen, sich verpflichten). Während wir „antworten" gemeinhin lediglich als Erwiderung auf eine Frage oder Äußerung anderer verstehen, beinhaltet „Verantwortung" genau diese Dimension der Verpflichtung. *Verantwortlich ist, wer für sein Tun haftet.* Verantwortlich handelnde Menschen, die sich ihrer Verantwortung stellen, sind allgemein geschätzt; keiner würde von sich selbst sagen: Ich bin verantwortungslos, und niemand möchte unverantwortlich handeln.
Umso mehr stimmt es nachdenklich, dass in der Bibel die ersten Worte, die der Mensch ausspricht, Ausdruck verantwortungslosen Verhaltens sind. Nicht Verantwortungsbewusstsein, sondern Angst bestimmte Adams Tun: „Ich hatte Angst", lautet sein erstes Wort. Ähnlich sagt

Kain: „Bin ich vielleicht der Hüter meines Bruders?“ Er lehnt die Übernahme von Verantwortung für den anderen ab.
Der Philosoph Hans Jonas erläutert in seinem berühmten Werk „Das Prinzip Verantwortung“, dass wir auch verantwortlich sind für die weit entfernten Konsequenzen unseres Tuns, etwa im Zusammenhang mit Eingriffen in die Umwelt. Wir tragen Verantwortung für die Folgen unserer Technologien – auch für die Zukunft und die nachfolgenden Generationen. Je gewaltiger die wissenschaftlichen und technischen Möglichkeiten sind, desto größer ist unsere Verantwortung: ein Prinzip, mit dem wir nur langsam und mühsam vertraut werden.
Was also ist unsere Aufgabe? *Wir müssen lernen, unser Tun mit den Augen der anderen zu betrachten: der Nahen und Fernen, der Menschen unserer Zeit und künftiger Generationen.* Erinnern wir uns daran, dass am Anfang der biblischen Geschichte ein Bundesschluss steht: der Bund Gottes mit Noah, der uns lehrt, dass alle Menschen dieser Erde, Frauen und Männer, mit Gott zusammen die Verantwortung für die Schöpfung tragen.

ETHIK UND POLITIK

Wir haben das Gemeinwohl als die Summe der Bedingungen definiert, die das Wohl und den Fortschritt aller Bürger ermöglichen. Unter Politik verstehen wir jenes menschliche Handeln, dessen Ziel das Gemeinwohl ist. Dieses Ziel muss nach dem demokratischen Prinzip der Mitbestimmung jedes Glied der Gesellschaft im Blick haben, nicht nur ein Politiker.

Etymologisch stammt das Substantiv Politik vom griechischen Wort *polis* (Stadt) ab. Der davon abgeleitete Begriff *politeia* bezeichnet zum einen die Bürgerschaft, die Zugehörigkeit zu einer Stadt, zum anderen die Teilhabe an der Regierung der Stadt. Diese beiden Aspekte sind untrennbar. (Paulus weitet den Gedanken der Bürgerschaft übrigens noch weiter aus: In seinen Briefen verwendet er das Wort *politeuma,* das dieselbe Wurzel hat; er bezeichnet die Christen als Bürger des Himmels. Sein Blick geht also über die irdische hin zur himmlischen Bürgerschaft.)

Es stellt sich die Frage, in welcher Beziehung die Politik, also die Kunst, eine „Stadt" zu regieren, zur Ethik steht. Als die Fähigkeit, die Voraussetzungen des Gemeinwohls zu schaffen, ist die Politik untrennbar und aufs Engste mit der Ethik verbunden. Die Ethik geht ja, wie gesagt, von den Werten aus, die des Menschen wahrhaft würdig sind, und die Politik hat dem menschlichen Fortschritt, der humanen Entwicklung des Gemeinwesens zu dienen. Vielleicht wendet jemand ein, dass Politik doch auch die Kunst des

Kompromisses, die Vermittlung gegensätzlicher Interessen sei. Sicher muss in der Politik immer wieder vermittelt werden. Und doch bleibt die Grundfrage: Hat die Politik ein Ziel oder nicht? Hat sie eine Hoffnung oder nicht? Wenn Politik auf das Gemeinwohl ausgerichtet ist und von der Hoffnung beseelt ist, für das Gemeinwohl sorgen zu können, dann ist sie mehr als die „Kunst des Möglichen" und die Fähigkeit zum Kompromiss. Sie ist vielmehr eine Kunst im Dienst des Gemeinwohls – für alle Bürgerinnen und Bürger.

STAATSRÄSON

Beim Blättern im Wörterbuch der Gesellschaftsethik stoßen wir auch auf den Begriff „Staatsräson". Er ist heute nicht mehr so gebräuchlich wie früher, und doch meine ich, dass es sich lohnt, kurz darauf einzugehen.
„Staat" kommt vom lateinischen *stare* (stehen), er meint eine feststehende Wirklichkeit. Der Staat ist die wichtigste und stabilste gesellschaftliche Institution. „Institution" leitet sich von *instituere* ab, das heißt gründen, einrichten: Es geht um die Schaffung von Fundamenten, die sicherstellen, dass etwas in der Zeit Bestand hat.
Der Staat ist die höchste Organisationsform des gesellschaftlichen Lebens. Er ist dazu da, das soziale Lebensgefüge auf Dauer zu ermöglichen. Die lateinische Sprache kennt – und dies ist eine interessante Beobachtung – das Wort Staat nicht

in unserem Sinne. Die Römer sprachen vielmehr von *civitas* oder *res publica*. Der Staatsbegriff begegnet uns erstmals in Niccolo Machiavellis Werk „Il Principe" (Der Fürst, 1513); seither spielt er in der Philosophie eine große Rolle, er ist Gegenstand zahlreicher Diskussionen und Kontroversen geworden. Machiavelli meinte, dass der Staat aufgrund des absoluten Rechts auf seine Souveränität und seine Stabilität zu Handlungen berechtigt sei, die dem einfachen Bürger nicht erlaubt und die an sich unmoralisch sind. Dies war für ihn „Staatsräson". Von diesen Überlegungen aus ist es nur ein kleiner Schritt dahin, dass einem Politiker mit ganz allgemeinen Begründungen eine Legitimation für Handlungen geliefert wird, die kein aufrichtiger, ehrenhafter Mensch vollziehen darf. Umso deutlicher möchte ich betonen, dass es im eigentlichen Sinn weder eine Staatsräson noch besondere „politische Gründe" gibt, die losgelöst sind von ethischen Normen.

In diesem Zusammenhang gewinnt ein Begriff seine Bedeutung, der in den letzten Jahrzehnten öfter gebraucht wurde: „Widerstand aus Gewissensgründen". Dahinter steht der wichtige Gedanke, dass niemand, auch nicht der Staat, einen Menschen zwingen kann, gegen sein eigenes Gewissen zu handeln. Wenn es dazu kommen sollte, muss der Einzelne „Widerstand leisten", sich dagegenstellen, indem er seine Argumente einbringt und sich anders verhält, als es von ihm verlangt wird.

GEWISSEN

Einer der schwierigsten Begriffe der Ethik ist wohl das „Gewissen“. Es ist ein grundlegendes, tragendes und wunderbares Wort. Nichts kann man dem Gewissen aufzwingen. Doch was ist das: „Gewissen“? Jeder glaubt es zu wissen; jeder spürt, dass es in ihm etwas gibt, was er so nennen kann.

„Gewissen“ kommt von „Wissen“, es hat mit Bewusstsein zu tun. Sich bewusst sein heißt: sich Rechenschaft geben, um etwas wissen, wach und wachsam sein. Es gibt ein sinnenhaftes Bewusstsein: Man sieht, spricht, hört, schmeckt, berührt oder tut etwas und ist sich dadurch bewusst, dass man existiert. Es gibt sodann die Dimension des Wissens, die gedankliche „Ver-gewisserung“, die Frage nach dem, was ich eigentlich weiß. Und schließlich gibt es die moralische Dimension, das Bewusstsein, ob mein Tun moralisch richtig, ob es würdig oder unwürdig ist: Das Gewissen ermöglicht uns, unser Handeln nach ethischen Gesichtspunkten zu bewerten. Die Dimensionen der kritischen Vergewisserung und der moralischen Beurteilung sind die Wurzeln unserer menschlichen Freiheit, mehr noch: Sie machen unsere Freiheit aus.

Es mag überraschen, dass im Alten Testament der Begriff Gewissen gar nicht und im Neuen Testament nur ganz selten vorkommt. Paulus spricht von *syneidesis*, ein Begriff aus der griechischen Kultur, für den die hebräische Sprache keine direkte Entsprechung kennt. Und doch spricht die Bibel oft von der gleichen Sache, freilich mit einem anderen Begriff: Sie verwendet das Wort „Herz"! So sagt beispielsweise Ijob: „Das Herz wirft mir nichts vor." Das Gewissen ist das Herz der Person; nichts ist ihm vorzuziehen. Man muss es pflegen und hüten – mit aller denkbaren Sorgfalt und Aufmerksamkeit.

EVANGELIUM UND POLITIK

Die Frage, ob sich Evangelium und Politik vereinbaren lassen, ist kein Fremdkörper im Bereich der Sozialethik, sondern führt zum Kern des bisher Gesagten. Es geht darum zu klären, ob es möglich ist, gemäß den Seligpreisungen des Evangeliums zu leben und zugleich effizient zum sozialen, wirtschaftlichen und politischen Fortschritt beizutragen. Kann ein Christ die Ethik des Evangeliums in der Politik anwenden, kann er im gesellschaftlichen und politischen Leben Sanftmut, Vergebung, Barmherzigkeit, Armut usw. praktizieren?
Diese Fragen sind eine fruchtbare Herausforderung für jeden, der ihnen nachgeht. Ich will hier keine Antwort versuchen, sondern lediglich drei Hinweise geben:

1. Eine einfache Lösung gibt es nicht. Antworten, die am grünen Tisch entwickelt werden, verbale oder ideologisierende Harmonisierungsversuche führten und führen in der Praxis nur zu Enttäuschungen.

2. Es handelt sich nicht um ein Dilemma, in dem wir vor der Alternative ständen: entweder ein Leben nach den Seligpreisungen oder politische Effizienz. Beide Aspekte können einander befruchten. Auf ihre Weise muss die Orientierung an den Seligpreisungen dem gesellschaftlichen, politischen, wirtschaftlichen Leben zugutekommen.

3. Nehmen wir die Impulse auf, die von den Seligpreisungen des Evangeliums für das Leben und die Geschichte der Menschheit ausgehen; dann wirken sie wie „Sauerteig".

Es gibt keine abstrakte Synthese von Evangelium und gesellschaftlichem, politischem Handeln. Die Synthese geschieht im Herzen und im Leben. Lassen wir uns daher tragen von der Hoffnung, dass nicht die banale Wiederholung von Fehlern und Irrungen das Schicksal des Menschen ist, sondern dass wir berufen sind zu etwas Größerem, Höherem: Wir sind berufen, uns zu „transzendieren".

Grundhaltungen menschlicher und christlicher Existenz

Die Grundhaltungen menschlicher Existenz werden Tugenden genannt. Was ist damit gemeint? Im Katechismus der katholischen Kirche wird der Begriff so erläutert: „Die Tugend ist eine beständige, feste Neigung, das Gute zu tun. Sie ermöglicht dem Menschen, nicht nur gute Taten zu vollbringen, sondern sein Bestes zu leisten. Mit all seinen sinnlichen und geistigen Kräften strebt der tugendhafte Mensch nach dem Guten. Er sucht es zu erreichen und entscheidet sich bei seinen konkreten Handlungen dafür" (Nr. 1803). Unter christlichen „Tugenden" verstehen wir gewohnheitsmäßige (nicht bloß gelegentliche) Haltungen, die in ihrer Gesamtheit das Bild eines Menschen ergeben, der von Christus erlöst wurde und entsprechend lebt.
Der hebräischen Bibel ist der Tugendbegriff fast gänzlich fremd; er stammt aus dem griechischen Kulturkreis. So begegnet er uns in griechisch verfassten biblischen Büchern, etwa im Buch der Weisheit: „Wenn jemand Gerechtigkeit liebt, in ihren Mühen findet er die Tugenden. Denn sie lehrt Maß und Klugheit, Gerechtigkeit und Tapferkeit, die Tugenden, die im Leben der Menschen nützlicher sind als alles andere" (Weish 8,7). Es ist die einzige biblische Stelle, in der die vier „Kardinaltugenden" (das heißt

Haupttugenden) aufgelistet werden. Platon und Aristoteles legten großen Wert auf sie und haben sie berühmt gemacht: Die Kardinaltugenden, die unter die „sittlichen Tugenden“ gezählt werden, sind zum Inbegriff eines harmonischen Zusammenspiels aller menschlichen Eigenschaften geworden. Die christliche Tradition hat an dieses griechische Idealbild vom Menschen angeknüpft. Schon Ambrosius und Augustinus, später auch Thomas von Aquin, sahen in diesen Tugenden das Bild eines Menschen umrissen, der evangeliumsgemäß handelt.
Im ersten Teil dieser Reflexion werden wir uns den einzelnen Kardinaltugenden zuwenden. Im zweiten Teil betrachten wir die drei sogenannten göttlichen oder theologalen Tugenden: Glaube, Hoffnung und Liebe.

Wenn Glaube, Hoffnung, Liebe, wenn Klugheit, Gerechtigkeit, Tapferkeit und Mäßigung in uns lebendig sind und wachsen, dürfen wir uns als Christen auf dem Weg zur ewigen Heimat wissen. Unsere Besinnung auf die Tugenden zielt somit nicht bloß auf eine Vertiefung von Kenntnissen, vielmehr geht es um Hilfen, besser zu leben, gerechter, wahrhaftiger, authentischer zu werden …

DIE KARDINALTUGENDEN

Klug, gerecht, tapfer und maßvoll: So verhält sich ein aufrichtiger Mensch, ob er Christ ist oder nicht. Wenn wir nun über diese Tugenden nachdenken, beschäftigen wir uns nicht so sehr mit Einzelfällen und konkreten Lebenssituationen, sondern wir reflektieren über die Grundhaltungen, die das Verhalten des Menschen insgesamt bestimmen und sein Leben positiv prägen. Über die Kardinaltugenden kann man auch aus rein philosophischer Sicht sprechen, gestützt auf den gesunden Menschenverstand. Es ist kein Widerspruch, wenn ich im Folgenden stärker auf die Heilige Schrift Bezug nehme und von ihr ausgehe. Denn das Menschenbild, das sich aus der recht gebrauchten menschlichen Vernunft ableitet, steht im Einklang mit der Vorstellung, die uns im Evangelium offenbart wird – auch wenn letztere über unsere Vernunft hinausweist, wie sich zeigen wird.

KLUGHEIT

Die erste der vier grundlegenden menschlichen Tugenden ist die „Klugheit", lateinisch *prudentia*. Wenn heutzutage von Klugheit gesprochen wird, denken wir je nach Zusammenhang an unterschiedliche, mehr oder weniger positive Verhaltensweisen, vielleicht auch einfach an die Intelligenz, die jemand mitbringt. Der Klang dieses Wortes ist von Sprache zu Sprache verschieden; so schwingt im italienischen *prudenza* „Vorsicht" mit, man denkt an das Verhalten im Straßenverkehr, an die „kluge“ Zurückhaltung beim Essen und Trinken usw. In der christlichen Tradition hingegen, etwa bei den Kirchenvätern, hat Klugheit eine andere, weit tiefere Bedeutung. Das gleiche gilt für die biblische Tradition, in der die Tugend der Klugheit zumeist in anderen verwandten Begriffen zur Sprache gebracht wird.

Was Klugheit meint: Elemente eines bibelnahen Verständnisses

– Ein wichtiger biblischer Begriff, der mit der Klugheit in Verbindung steht, ist die Weisheit. Sie bezeichnet die Fähigkeit, Dinge, Geschehnisse und Handlungen im Licht Gottes zu betrachten. Im Buch der Weisheit heißt es: „Alles Verborgene und alles Offenbare habe ich erkannt; denn es lehrte mich die Weisheit, die Meisterin aller Dinge“ (Weish 7,21). Paulus schreibt an die Korinther, dass sich seine Verkündigung nicht auf Menschenweisheit stützt; er verkündigt „nicht Weisheit dieser Welt oder der Machthaber dieser Welt, die einst entmachtet werden“, sondern „das Geheimnis der verborgenen Weisheit Gottes“ (1 Kor 2,6). Um diese Weisheit dürfen wir den Herrn bitten: „Fehlt es … einem von euch an Weisheit, dann soll er sie von Gott erbitten; Gott wird sie ihm geben“ (Jak 1,5). Je mehr uns diese Weisheit zuteil wird, desto mehr können wir Ereignisse und anstehende Entscheidungen im Licht des Herrn beurteilen.

– Klugheit beinhaltet ferner die Gabe der Unterscheidung: das Erkennen, was wir tun und was wir lassen sollen, was uns Gott näherbringt und was uns von ihm entfernt, was dem Geist Jesu Christi entspricht und was ihm widerspricht. Die Gabe der Unterscheidung zeichnet den aus, der vom Geist der göttlichen Weisheit erfüllt ist: „Der geisterfüllte Mensch urteilt über alles" (1 Kor 2,15). Er hat ein Gespür dafür, welche Verhaltensweisen eine angemessene Antwort auf die Frohbotschaft und welche nicht im Sinne des Evangeliums sind.

– Zur Klugheit gehört auch das Verantwortungsbewusstsein: Klug ist, wer die Konsequenzen seines Handelns erkennt und bewusst übernimmt.

– In der biblisch-patristischen Tradition, an die Thomas von Aquin anknüpft, ist Klugheit mit Realismus und dem Sinn für die konkreten Gegebenheiten verbunden. Sich klug verhalten, das heißt: sich der Wirklichkeit stellen, nicht wankelmütig sein, keine Angst haben, etwas zu wagen. Solche Klugheit ist das Gegenteil von zögerlicher Vorsicht.
Dieser Gesichtspunkt zeigt, wie eng die Tugenden miteinander verbunden sind: Klugheit gibt es nur in Verbindung mit Starkmut – und mit Wachsamkeit. Denn klug ist, wer seine Entscheidungen mit wachem Verstand und mutiger Entschlossenheit trifft, um Gott zu dienen und gemäß dem Evangelium zu leben.

Worin die Klugheit gründet

Die so verstandene Tugend der Klugheit ist eine Gabe des Heiligen Geistes. Sie folgt anderen Maßstäben als die „Klugheit" dieser Welt. Im Matthäusevangelium preist Jesus seinen Vater, weil er „all das den Weisen und Klugen verborgen, den Unmündigen aber offenbart" hat (Mt 11,25). Der Geist Gottes offenbart, was wahrhaft klug ist.

Damit die Tugend der Klugheit in uns gefestigt wird, braucht es einen Lernprozess, ein fortwährendes Bemühen, die Dinge mehr und mehr so zu beurteilen, wie sie objektiv sind, das heißt entsprechend der Sicht Gottes. Jede einzelne „kluge" Entscheidung trägt dazu bei, das Gespür dafür zu stärken. Ein Beispiel: Wir können und müssen uns je neu entscheiden, wie wir die Medien nutzen, ob wir eine bestimmte Fernsehsendung ansehen oder nicht, ob wir diesen oder jenen Artikel lesen oder nicht. Je mehr wir – durch entsprechende Entscheidungen – in der Tugend der Klugheit wachsen, desto leichter werden wir uns dem Sog der Medien entziehen können. Die Klugheit lehrt uns, nicht alles unkritisch zu übernehmen, sondern Berichte abzuwägen, womöglich auch zu überprüfen, nach den Quellen zu fragen und Bestätigungen abzuwarten. Kurz: Die Tugend der Klugheit befähigt zum rechten Urteil.

Hilfreich für den Erwerb dieser Klugheit ist die Einübung ins Schweigen, das Bemühen um innere Ruhe und Gelassenheit, die vor überstürzten Urteilen und Handlungen bewahren. Hielten wir öfter einmal kurz inne, bevor wir reden oder etwas unternehmen, blieben uns viele unkluge, ja dumme Äußerungen und unsinnige Handlungen erspart!

Was Klugheit bewirkt

Wer die Tugend der Klugheit lebt und weise im Sinne des Evangeliums ist, der ist im Frieden mit sich selbst und mit der Wirklichkeit ausgesöhnt. Er macht sich keine Illusionen und wird nicht so schnell enttäuscht; denn er hat gelernt, Situationen realistisch einzuschätzen. Er kann sich den konkreten Gegebenheiten mit dem nötigen Weitblick stellen. Das Bemühen um Klugheit führt zu Lebensweisheit, Ausgeglichenheit und Gelassenheit, es bringt Ordnung ins Leben und schenkt Klarheit, inneren Frieden und den Blick für das Wesentliche.

In der Heiligen Schrift finden sich viele Beispiele für Klugheit, Weisheit und die Gabe der Unterscheidung. Hier sei lediglich das Verhalten des Petrus vor der Taufe des heidnischen Hauptmanns Kornelius genannt, wie es in der Apostelgeschichte überliefert wird. Petrus muss eine schwierige Wahl treffen: Es war ihm vom jüdischen Gesetz her eigentlich verboten, das Haus eines Heiden zu betreten. Er musste sich darauf einstellen, dass sein Verhalten nicht von allen gutgeheißen würde. In den Kapiteln 10 und 11 werden die verschiedenen Momente beschrieben, die Petrus durchlebt, bevor er seine kluge, mutige Entscheidung trifft: Er wagt es, sein Haus zu verlassen, den Soldaten zu folgen, die Türschwelle zu überschreiten und in das Haus des Hauptmanns einzutreten; er spricht von Christus und tauft Kornelius. – Petrus hat die Tugend der Klugheit gelebt, er hat die rechte Unterscheidung praktiziert: Er ließ sich vom Heiligen Geist leiten, er achtete auf die konkrete Situation, bemerkte, wie sich verschiedene Umstände zusammenfügten, und er erinnerte sich an einige Episoden im Leben Jesu, die ihm Orientierung geben konnten.

Weitere biblische Texte zur Meditation

Aus dem Buch der Weisheit
„Alles Verborgene und alles Offenbare habe ich erkannt; denn es lehrte mich die Weisheit, die Meisterin aller Dinge. In ihr ist ein Geist, gedankenvoll, heilig, einzigartig, mannigfaltig, zart, beweglich, durchdringend, unbefleckt, klar, unverletzlich, das Gute liebend, scharf, nicht zu hemmen, wohltätig, menschenfreundlich, fest, sicher, ohne Sorge, alles vermögend, alles überwachend und alle Geister durchdringend, die denkenden, die reinen und zartesten" (7,21-23).
„Gott der Väter und Herr des Erbarmens, du hast das All durch dein Wort gemacht. Den Menschen hast du durch deine Weisheit erschaffen, damit er über deine Geschöpfe herrscht. Er soll

die Welt in Heiligkeit und Gerechtigkeit leiten und Gericht halten in rechter Gesinnung. Gib mir die Weisheit, die an deiner Seite thront … Sie weiß, was dir gefällt und was recht ist nach deinen Geboten“ (9,1-9).

Ein Gebet Jesu
„In jener Zeit sprach Jesus: Ich preise dich, Vater, Herr des Himmels und der Erde, weil du all das den Weisen und Klugen verborgen, den Unmündigen aber offenbart hast. Ja, Vater, so hat es dir gefallen. Mir ist von meinem Vater alles übergeben worden; niemand kennt den Sohn, nur der Vater, und niemand kennt den Vater, nur der Sohn und der, dem es der Sohn offenbaren will“ (Mt 12,25-27).

Paulus an die Gemeinde von Korinth
„Als ich zu euch kam, Brüder, kam ich nicht, um glänzende Reden oder gelehrte Weisheit vorzutragen, sondern um euch das Zeugnis Gottes zu verkündigen. Denn ich hatte mich entschlossen, bei euch nichts zu wissen außer Jesus Christus, und zwar als den Gekreuzigten … Meine Botschaft und Verkündigung war nicht Überredung durch gewandte und kluge Worte, sondern war mit dem Erweis von Geist und Kraft verbunden, damit sich euer Glaube nicht auf Menschenweisheit stützte, sondern auf die Kraft Gottes. Und doch verkündigen wir Weisheit unter den Vollkommenen, aber nicht Weisheit dieser Welt oder der Machthaber dieser Welt, die einst entmachtet werden. Vielmehr verkündigen wir das Geheim-

nis der verborgenen Weisheit Gottes, die Gott vor allen Zeiten vorausbestimmt hat zu unserer Verherrlichung ... Der irdisch gesinnte Mensch lässt sich nicht auf das ein, was vom Geist Gottes kommt. Torheit ist es für ihn ... Der geisterfüllte Mensch urteilt über alles, ihn aber vermag niemand zu beurteilen“ (1 Kor 2,1-7.14f).

Aus dem Jakobusbrief
„Fehlt es einem von euch an Weisheit, dann soll er sie von Gott erbitten; Gott wird sie ihm geben, denn er gibt allen gern und macht niemand einen Vorwurf“ (1,5).
„Die Weisheit von oben ist erstens heilig, sodann friedlich, freundlich, gehorsam, voll Erbarmen und reich an guten Früchten, sie ist unparteiisch, sie heuchelt nicht“ (3,17).

GERECHTIGKEIT

Nach einem Wort des heiligen Ambrosius ist „die Gerechtigkeit auf die Gesellschaft und die Gemeinschaft des Menschengeschlechts bezogen", sie regelt die zwischenmenschlichen Beziehungen. Die Bedeutung dieser Tugend ist offenkundig; das Thema Gerechtigkeit ist eines der brennendsten unserer Zeit. Im Unterschied zur Tugend der Klugheit, ein Begriff, der uns in der Heiligen Schrift selten begegnet, ist „Gerechtigkeit" eines der häufigsten Wörter im Alten und im Neuen Testament. Aus der Fülle möglicher Beispiele möchte ich einige herausgreifen.
Im Buch Levitikus wird eine Rechtsprechung gefordert, die kein Ansehen der Person kennt: „Ihr sollt in der Rechtsprechung kein Unrecht tun. Du sollst weder für einen Geringen noch für einen Großen Partei nehmen; gerecht sollst du deinen Stammesgenossen richten" (Lev 19,15).

In Psalm 112 wird der Gerechte gepriesen:
„Wohl dem Mann,
der den Herrn fürchtet und ehrt
und sich herzlich freut an seinen Geboten.
Seine Nachkommen werden mächtig im Land,
Wohlstand und Reichtum füllen sein Haus,
sein Heil hat Bestand für immer.
Den Redlichen erstrahlt im Finstern ein Licht:
der Gnädige, Barmherzige und Gerechte.
Wohl dem Mann,
der gütig und zum Helfen bereit ist,
der das Seine ordnet, wie es recht ist.

Niemals gerät er ins Wanken,
ewig denkt man an den Gerechten.
Er fürchtet sich nicht vor Verleumdung;
sein Herz ist fest, er vertraut auf den Herrn.
Sein Herz ist getrost, er fürchtet sich nie;
denn bald wird er herabschauen
auf seine Bedränger.
Reichlich gibt er den Armen,
sein Heil hat Bestand für immer;
er ist mächtig und hochgeehrt.
Voll Verdruss sieht es der Frevler,
er knirscht mit den Zähnen und geht zugrunde.
Zunichte werden die Wünsche der Frevler."

Das Alte Testament sieht in der Gerechtigkeit das Fundament des gesellschaftlichen Lebens. Sie regelt die Beziehungen der Menschen untereinander und mit Gott; sie ist jene Tugend, die eine gute, dem Menschen förderliche Ordnung hervorbringt. Biblisch lässt sich das Wort „gerecht" mit Begriffen wie gut, heilig, vollkommen umschreiben.

Das Neue Testament hat dieses Erbe übernommen. Im Kolosserbrief heißt es:
„Ihr Herren, gebt den Sklaven, was recht und billig ist; ihr wisst, dass auch ihr im Himmel einen Herrn habt" (Kol 4,1).
Wenn im Lukasevangelium die Eltern Johannes' des Täufers als „gerecht in den Augen Gottes" bezeichnet werden, so ist dies das höchste Lob, das einem Menschen zuteil werden kann (vgl. Lk 1,6).

Matthäus preist Josef als einen „Mann, der gerecht war" (Mt 1,19), das heißt seine Beziehung zu Gott und den Menschen war ohne Fehl und Tadel.

Gerechtigkeit als sittliche Tugend und ihr Fundament

Nach der klassischen Definition, die uns aus der griechischen und römischen Antike überliefert ist, bedeutet Gerechtigkeit, *jedem das Seine zu geben*. Dies beinhaltet, die Rechte eines jeden Menschen genauso anzuerkennen, wie man seine eigenen Rechte anerkannt und respektiert wissen möchte. Gerechtigkeit hat also mit den Menschenrechten zu tun. Warum hat jemand, wie wir sagen, „unveräußerliche Rechte", die unter keinen Umständen, aus keinem Grund, für keinen Zweck missachtet werden dürfen? Christen sehen den letzten Grund darin, dass jeder Mensch – unabhängig von Rasse, Hautfarbe, Geschlecht, Bildung und Erziehung – ein Geschöpf Gottes ist. Vom ersten Augenblick seiner Existenz an hat er unantastbare Rechte, weil Gott ihn nach seinem Bild und Gleichnis geschaffen hat, mit einer Würde und eigenen Rechten, die sich unmittelbar aus dem Schöpfungsakt ergeben. Die Grundlage der menschlichen Gerechtigkeit ist die göttliche Schöpfung: Gott hat den Menschen gewollt. Jeder Mensch ist Gottes geliebtes Geschöpf, ein Subjekt mit unantastbarem Recht; wer dies verletzt, verletzt und beleidigt Gott selbst. Gerechtigkeit hat somit eine göttliche

Dimension, auch wenn dies nicht von allen bejaht wird.
Es hat in den vergangenen Jahrhunderten manche Versuche gegeben, Gerechtigkeit unabhängig von Gott zu begründen und zu definieren, etwa mittels eines imaginären Vertrags: Ich tue dir dies und jenes nicht an, damit du es auch mir nicht antust. Die Absicht solcher Bemühungen mag positiv sein, aber mir scheint, dass es ohne den Rückgriff auf das göttliche Fundament letztlich nicht möglich ist zu begründen, warum der Mensch über unveräußerliche Rechte verfügt.

Die göttliche Gerechtigkeit

Die Heilige Schrift kennt den gängigen Gebrauch des Gerechtigkeitsbegriffs, wie auch die oben zitierten Stellen zeigen. Aber sie bringt eine weitere Dimension ein, die über ein menschliches, philosophisches Verständnis hinausgeht. Dieses „Mehr" ist enthalten in der Rede von der Gerechtigkeit Gottes. Gerechtigkeit als Eigenschaft Gottes bedeutet: Gott steht in Treue zum Bund mit seinem Volk. Er achtet nicht nur die Rechte seines Bundespartners, sondern rettet sein Volk aus ungerechter Unterdrückung und aus der Versklavung. Der Herr erweist sich dadurch als gerecht, dass er die Rechte seiner Verbündeten wiederherstellt. Gerechtigkeit bekommt so eine neue, positive, aktiv-kreative Note. Ja, noch mehr: In seiner Liebe vergibt Gott seinem Bundespartner, selbst wenn dieser den

Bund gebrochen und die göttlichen Rechte missachtet hat, und er stellt die Würde des Menschen in ihrer ganzen Fülle wieder her.
Während menschliche Gerechtigkeit lehrt, die Rechte des anderen zu achten, verletztes Recht wiederherzustellen, erweist sich die Gerechtigkeit, die von Gott kommt und die Gott in unser Herz hineinlegt, als weitaus größer: Sie ist im wahrsten Sinne des Wortes heilsam, sie ist barmherzig, vergibt dem, der schuldig geworden ist, richtet ihn wieder auf und rechtfertigt ihn, um mit Paulus zu sprechen. Gottes Gerechtigkeit zeigt sich darin, dass er den sündigen Menschen gerecht macht. So stiftet die Liebe Gottes Gerechtigkeit – über das Geschuldete hinaus; sie ist voller Barmherzigkeit.
Das Neue Testament legt großen Nachdruck auf diese „größere Gerechtigkeit". In der Bergpredigt sagt Jesus zu seinen Zuhörern: „Wenn eure Gerechtigkeit nicht weit größer ist als die der Schriftgelehrten und der Pharisäer, werdet ihr nicht in das Himmelreich kommen" (Mt 5,20). Es geht um eine Gerechtigkeit, die sich in der Liebe und in der Vergebung ausdrückt: „Wer den andern liebt, hat das Gesetz erfüllt" (Röm 13,8); „Liebt eure Feinde und betet für die, die euch verfolgen, damit ihr Söhne eures Vaters im Himmel werdet; denn er lässt seine Sonne aufgehen über Bösen und Guten, und er lässt regnen über Gerechte und Ungerechte" (Mt 5,44f).

Die göttlich-menschliche Gerechtigkeit, die Jesus uns vor Augen führt, hat weitreichende Konsequenzen. Im Lukasevangelium heißt es: „Gebt dem Kaiser, was dem Kaiser gehört, und Gott, was Gott gehört“ (Lk 20,25). Jesus hebt hier auf die Gerechtigkeit gegenüber Gott und den Menschen ab. Was bedeutet das: Gott geben, was Gott gehört? Die Gerechtigkeit gegenüber Gott wird als *religio*, als Tugend der Frömmigkeit bezeichnet. Es wäre ein Missverständnis zu meinen, wir könnten Gott je „gerecht werden“, ihm das geben, was wir ihm schulden. Nein, als Kreaturen wissen wir, dass alles von ihm kommt, alles ihm gehört. Wir selbst verdanken uns ganz und gar ihm. Recht verstandene Frömmigkeit meint eine Gerechtigkeit gegenüber Gott, die darum weiß, dass sie niemals einholen kann, was er uns schenkt und was wir ihm schulden. Sie drückt sich nicht in bloßem Gehorsam gegenüber Gott aus, sondern in einer tiefen, aufrichtigen Haltung der Dankbarkeit, in schweigendem Hinhören auf das, was er uns sagt, in Anbetung, Lob und Verehrung, in Liebe und Vertrauen.

Der erste Teil des zitierten Jesusworts erinnert uns an die Gerechtigkeit gegenüber den Menschen. Sie betrifft alle zwischenmenschlichen Beziehungen, die gesellschaftlichen, ja die globalen Verhältnisse.
In konzentrischen Kreisen möchte ich umreißen, wem wir Gerechtigkeit schulden.

– Die Nächsten, das sind zunächst die Eltern, denen wir Ehre, Achtung, Respekt und Gehorsam schulden. Es sind die Angehörigen, denen geschwisterliche Liebe und Zuwendung gebührt; es sind Freunde, Bekannte, Gesprächspartner. Für diese Beziehungen ist das Wort Gerechtigkeit eigentlich nicht ganz treffend, denn da geht es eher um eine liebevolle, geschwisterliche Erwiderung uns geschenkter Liebe. Wie man es auch nennt, das ist grundlegend für die menschliche Existenz.

– Auf gesellschaftlicher Ebene sind unsere Nächsten sodann all jene, mit denen wir in irgendeiner Weise in einem Austausch, in einer wechselseitigen Beziehung stehen: durch vertragliche Abmachungen, beruflich und geschäftlich, handelsmäßig, durch Zugehörigkeit zur gleichen Vereinigung usw.

– Der Kreis muss aber noch weiter gezogen werden: Gerechtigkeit betrifft auch das politische Leben. Hier sind vor allem jene gefragt, die im öffentlichen Leben, in der Verwaltung, Justiz, Politik, in der Wirtschaft und allen gesellschaftlichen Bereichen Verantwortung tragen. Wir müssen erleben, wie dort die Gerechtigkeit auf manchmal geradezu dramatische Weise missachtet wird. Dadurch werden das ganze gesellschaftliche Gefüge und das Vertrauen gefährdet, ohne das kein menschliches Zusammenleben möglich ist.

– Unsere Nächsten – das sind ebenfalls jene, die weniger in unserem unmittelbaren Blickfeld liegen: die Menschen in den Ländern der sogenannten Dritten Welt. Auch für sie tragen wir eine reale Verantwortung. Die Länder der nördlichen Hemisphäre stehen in besonderer Weise in der Pflicht, für mehr Gerechtigkeit Sorge zu tragen.

– Gerechtigkeit hat ferner Konsequenzen für unseren Umgang mit der Schöpfung: Jeder Einzelne, jede gesellschaftliche Gruppe ist verantwortlich für die Umwelt. Das Problem betrifft ja auch die künftigen Generationen. Hinterlassen wir ihnen die Erde so, wie wir es ihnen schuldig sind?

Das Nachdenken über die Tugend der Gerechtigkeit stellt uns also das weite Spektrum unserer Verantwortung vor Augen. Im überschaubaren Bereich unseres Alltags ist sie meist leichter zu greifen und an konkreten Kriterien festzumachen. Schwieriger, aber nicht weniger wichtig ist es zu sagen, was Gerechtigkeit im Großen meint. Es wird darauf ankommen, dass wir unsere Verantwortung für die anderen, für die Menschheit als Ganze, für die Zukunft ernst nehmen.
Vergessen wir dabei nicht die Wurzel, den letzten Garanten der Gerechtigkeit: Gott, der den Menschen und die ganze Schöpfung gewollt hat. Er ist in alles überbietender Weise selbst der Gerechte, der uns seine Gerechtigkeit zuteilwerden lässt – uns, die wir immer wieder vom Weg abkommen und Sünder sind. Er vergibt, macht wieder gut, er liebt uns. Dank seiner heilbringenden Gerechtigkeit sind auch wir befähigt, den anderen mit Gerechtigkeit, Güte, Liebe und

Vergebung zu begegnen. Schon heute dürfen wir ein wenig von jener Gerechtigkeit des Himmelreiches leben, um dessen Kommen wir im Vaterunser bitten: „Dein Reich komme!“

TAPFERKEIT

Wer dafür offen ist, in der vertrauten Nähe Gottes zu leben, wer sich in die Gemeinschaft mit dem unendlichen Gott hineinziehen lässt, wird davon geprägt: So viele Möglichkeiten der Entfaltung und des Engagements tun sich ihm auf, dass ein solcher Mensch schwerlich in irgendwelche Kategorien eingeordnet werden kann. Heilige sind unfassbar, immer anders, nicht berechenbar in ihrer Güte; denn sie haben teil am Leben Gottes. Unsere Reflexion über die Tugenden ist ein Versuch, etwas von dem Reichtum der Gaben einzufangen, die im Herzen dessen wirksam werden, der sich Gott überlässt. Ein weiterer Aspekt dieser inneren Fülle ist die Tapferkeit. Sie ist etwas so Großes, dass all unsere Worte nicht genügen, sie auszudrücken: Sie hat zu tun mit dem Geheimnis des Menschen, der – wie Paulus sagen würde – Christus „als Gewand angezogen" hat.

Die Tugend der Tapferkeit betrifft auch die Gerechtigkeit, das Festhalten am Guten. Sie ermöglicht uns, in jeder Situation das Gute zu tun. „Die Tapferkeit ist jene sittliche Tugend, die in Schwierigkeiten standhalten und im Erstreben des Guten durchhalten lässt" (Katechismus der katholischen Kirche, Nr. 1808).
Der Begriff Tapferkeit mag ein wenig antiquiert klingen; in der Alltagssprache kommt er fast nicht mehr vor. Doch es ist nicht zu übersehen, dass er ein höchst aktuelles Thema berührt: Es

geht um Angst und um Mut, um die Reaktion auf Ängste, auf beklemmende Situationen. Jeder kennt solche Momente. Wer durchlebt im Mühen um das Gute nicht Widerwillen, wer ist nicht manchmal versucht, Schwierigkeiten aus dem Weg zu gehen? Wer wird nicht gelegentlich von Ängstlichkeit und Zaghaftigkeit gepackt, etwa wenn er in einer heiklen Angelegenheit öffentlich das Wort ergreifen soll? Die Angst hält uns öfter davon ab, das zu tun, was wir als gut und richtig erkannt haben, oder uns zu Wort zu melden. Wir reden viel von „Konformismus" – oft handelt es sich um Angst. Zu den vielfältigen Verhaltensweisen, die im Gegensatz zur Tapferkeit stehen, gehört auch die *omertà*, die Wahrung jenes Gesetzes des Stillschweigens, das beispielsweise dort, wo die Mafia herrscht, verheerende Folgen hat.

Tapferkeit ist überall dort vonnöten, wo Menschen Drohungen widerstehen, wo sie Ängste überwinden müssen. Wir brauchen sie, um der inneren Müdigkeit und dem Verdruss entgegenzutreten, um die Abneigung gegen den Alltagstrott zu überwinden und das Gute tun zu können. Die Tapferkeit ist eine grundlegende sittliche Tugend, die von jedem rechtschaffenen Menschen gefordert ist.

Fünf Thesen zur Tapferkeit

1. Tapferkeit setzt Verletzlichkeit voraus

Um die Tugend der Tapferkeit zu verstehen, müssen wir uns zunächst eingestehen, dass wir verletzbar sind. Tapferkeit setzt an bei unserer Schwäche und Zerbrechlichkeit. Jeder von uns kann körperlich und seelisch Schaden nehmen. So sehr wir uns auch bemühen, es zu verbergen: Wir alle tragen eine untergründige Furcht und Angst in uns, Gefühle des Unbehagens, innere Nöte. Die physische und psychische Verletzlichkeit ist Teil der menschlichen Natur.

Wäre es anders, könnten wir uns nicht als mutig erweisen: Wenn nichts und niemand uns etwas anhaben könnte, führte dies nicht zu Tapferkeit, sondern zu Übermut. Stark ist, wer um seine Schwachheit und Gebrechlichkeit weiß und sich ihr bewusst stellt. Mit anderen Worten: Der erste Schritt auf dem Weg zur Tapferkeit besteht nicht darin, die Zähne zusammenzubeißen, sondern im demütigen Bewusstwerden der eigenen Schwäche und Verletzlichkeit.

Dies gehört wesentlich zu einem christlichen Verständnis dieser Tugend. Einer, der darum wusste, war der Apostel Paulus. In seinem zweiten Brief an die Korinther schreibt er: „Diesen Schatz tragen wir in zerbrechlichen Gefäßen; so wird deutlich, dass das Übermaß der Kraft von Gott und nicht von uns kommt“ (2 Kor 4,7). In diesem Zusammenhang verdient auch das Jesuswort genannt zu werden: „Fürchte dich nicht, du kleine Herde! Denn euer Vater hat beschlossen, euch das Reich zu geben“ (Lk 12,32). Die Herde darf und soll wissen, dass sie „klein“ ist: wehrlos, angreifbar, mitten unter den Wölfen, aber voll Vertrauen auf Gott.

2. Tapferkeit befähigt, die Angst vor dem Tod auszuhalten und zu überwinden

Die schwerste Verwundung, der der Mensch ausgesetzt ist, ist der Tod. Die Angst vor dem Tod lässt sich als Mutter aller Ängste bezeichnen. Sie kommt auch in der Angst vor all dem zum Ausdruck, was an den Tod erinnert: Schmerzen, Unglücksfälle, Schicksalsschläge und Krankheiten.

Wir wollen nicht hören, dass wir sterben werden. Wir wollen nicht sterben, weder physisch noch im übertragenen Sinn: Unser gesellschaftlicher Status und unser Ansehen sollen nicht tangiert werden. Demütigungen, Anklagen, Verleumdungen, Einsamkeit und Verlassenheit – vor all dem fürchten wir uns. Manche Menschen leiden so sehr darunter, dass sie sich gar das Leben nehmen wollen.

Die Tapferkeit ist die Fähigkeit, das anzuschauen, was unser Leben angreift, ohne in Panik zu geraten. Gewiss sind es oft Übel, bisweilen schlimme, die uns Angst einjagen, so vor allem der Tod, der aus menschlicher Sicht das endgültige Ende markiert. Doch wir können all diese Gefährdungen aus einer weiteren Perspektive, voller Zuversicht und mit einer größeren inneren

Kraft betrachten. Denken wir an Paulus: Nachdem er daran erinnert hat, dass er „diesen Schatz ... in zerbrechlichen Gefäßen" trägt, beschreibt er seine Zerbrechlichkeit näher: „Von allen Seiten werden wir in die Enge getrieben ...; wir wissen weder aus noch ein ...; wir werden gehetzt ...; wir werden niedergestreckt ..." All dem aber können wir standhalten, denn „wir tragen das Todesleiden Jesu an unserem Leib, damit auch das Leben Jesu an unserem Leib sichtbar wird". Um Jesu willen sind wir dem Tod ausgeliefert, „damit auch das Leben Jesu an unserem sterblichen Fleisch offenbar wird" (2 Kor 4,8-11). Wir können die Existenz des Todes, der in unser Leben hineinwirkt, nicht leugnen. Aber wir können uns ihm stellen im Vertrauen auf Gott.

Die Tapferkeit ist eine wichtige Tugend, die uns davor bewahrt, in den Widrigkeiten des Lebens die Fassung zu verlieren oder endgültig zu verzweifeln. Wer tapfer ist, vermag auf Gott zu blicken, und vertraut auf die Kraft, die er uns schenkt.

3. Christliche Tapferkeit beinhaltet die Bereitschaft, das Leben zu geben

Tapferkeit ist also jene Tugend, die uns die Angst vor dem Tod überwinden lässt. In letzter Konsequenz führt sie zur Bereitschaft, das Leben zu geben. Schon die frühesten Kirchenväter sahen im Martyrium den Ernstfall und das größte Zeugnis christlicher Tapferkeit.

Die Bereitschaft, sein Leben hinzugeben, ist nicht auf Zeiten schwerer Verfolgung beschränkt, in denen Menschen lieber in den Tod gehen, als Gott, als den Glauben an ihn zu verraten. Vielmehr betrifft sie jeden Christen; schon im Taufversprechen ist sie implizit enthalten. Es gibt keine christliche Tapferkeit, die nicht in der Bereitschaft wurzelt, für den Glauben das Leben zu geben.
Diese Feststellung mag erschrecken; womöglich haben wir nie daran gedacht. Sie zeigt uns den Ernst der Erneuerung des Taufversprechens, die wir jedes Jahr in der Osternachtsliturgie vollziehen: das neue Versprechen, uns an Jesus zu binden, dem Bösen zu widersagen, um keinen Preis den Glauben zu verleugnen oder eine schwere Sünde zu begehen. Solche christliche Tapferkeit bringt die menschliche Tapferkeit zur Vollendung; sie ist eine Gnade, ein Geschenk tiefen Friedens gerade dann, wenn die Angst die Oberhand zu gewinnen droht.
Wir sollten den Herrn Tag für Tag um diese Gnade bitten. Wir alle sind gezeichnet von der Erbsünde, von Angst, Egoismus und falschen Kompromissen. „Führe uns nicht in Versuchung", beten wir im Vaterunser: Herr, lass nicht zu, dass ich in Situationen gerate, in denen ich den Glauben verraten würde, „… sondern erlöse uns von dem Bösen".

4. Tapferkeit ist vertrauensvolle Übereignung an Gott

Christliche Tapferkeit ist nicht mit Kühnheit oder Draufgängertum zu verwechseln. Sie ist kein Appell, alle Kräfte zusammenzunehmen, um eine Heldentat zu vollbringen. Christliche Tapferkeit heißt: sich voll Vertrauen Gott überlassen. Dabei dürfen und sollen wir um unsere Schwachheit und Zerbrechlichkeit wissen. Solche Tapferkeit ist innerer Friede, eher Erholung für die Seele als heroisches Bemühen. Selig wäre zu preisen, wer das gelernt hat!
Im Buch Exodus ist ein altes Loblied überliefert, das zum Nachbeten einlädt: „Damals sang Mose mit den Israeliten dem Herrn dieses Lied; sie sagten: Ich singe dem Herrn ein Lied, denn er ist hoch und erhaben. Rosse und Wagen warf er ins Meer. Meine Stärke und mein Lied ist der Herr, er ist für mich zum Retter geworden" (Ex 15,1f). In diesem Lobpreis spricht ein Volk, das voller Angst war, weil es sah, dass es völlig unvorbereitet war für eine Auseinandersetzung mit dem übermächtigen ägyptischen Heer. Diesem verängstigten Volk hatte Mose verheißen: „Der Herr kämpft für euch, ihr aber könnt ruhig abwarten" (Ex 14,14). Das Volk glaubte – und trug den Sieg davon, für den es fortan den Herrn lobpreist. Israel zeigt hier, was Tapferkeit ist: innere Ruhe unter noch so Furcht einflößenden Umständen, Gelassenheit und Mut aus dem Vertrauen auf Gott.

5. Tapferkeit zeigt sich im Ausharren – auch und gerade im Alltag

Nach der christlichen Tradition findet die Tapferkeit ihren charakteristischen Ausdruck im geduldigen, mutigen Ausharren und Durchhalten (lateinisch: *sustinere*), nicht in draufgängerischem, aggressivem Verhalten. Thomas von Aquin schreibt unter Berufung auf Aristoteles: „Tapfer werden vor allem solche genannt, die der Traurigkeit widerstehen", dem Verdruss und der Trägheit, die am Tun des Guten hindern. Tapferkeit wird nicht nur im Ernstfall der Lebenshingabe wirksam, sondern auch im Alltag mit seinen Pflichten, mit der Arbeit, der physischen und seelischen Last und Frustration oder der wehmütigen Erinnerung an bessere Zeiten.
Im Guten sollen wir auch bei äußeren Widerständen durchhalten, etwa wenn wir uns unverstanden oder verzweckt fühlen, wenn schlecht über uns geredet wird und wenn wir verleumdet werden. Dann den inneren Frieden zu bewahren zeugt von Tapferkeit.
So ist diese Tugend ungebrochen aktuell. Sie ist unabdingbar in einer Gesellschaft, in der es mancherlei Anzeichen von Erschöpfung, Schwäche und Angst gibt, in der viele Menschen schon vor den ersten Schwierigkeiten erschrecken, im Studium und Beruf, in der Ehe und auch sonst im gesellschaftlichen Leben. Die Tapferkeit ist eine Tugend für alle Tage; denn es gibt keine Güte ohne Stärke, keine Gerechtigkeit ohne die Fähigkeit, dem oftmals zermürbenden Alltag standzu-

halten. Gerade dort muss sich die Großmut des Christen bewähren, seine Bereitschaft, aus Liebe und mit der Gnade Gottes auch belastende, unliebsame Situationen geduldig und mutig auszuhalten.

Um mit Entschiedenheit und Beharrlichkeit den Willen des himmlischen Vaters zu tun, brauchen wir nicht den Glauben an die eigene Stärke, sondern das Vertrauen auf Gott. Aus der Lektüre und Betrachtung der Heiligen Schrift, auch aus dem Beten der Psalmen können wir die Kraft dazu schöpfen.
Danken wir Gott für das, was uns „dazwischenkommt", was unsere Pläne durchkreuzt – im Vertrauen darauf, dass alles, was uns widerfährt, für uns wertvoll werden kann. Gott möchte in jedem Fall das Beste für uns; vielleicht will er mir auch etwas zu verstehen geben.
Auch für die Tapferkeit gilt: Sie ist ein Geschenk des Heiligen Geistes, das vom Kreuz Christi her erwächst.
Allzu oft scheinen einfache, schmerzfreie Auswege gefragt, möglichst schnelle Lösungen und Kompromisse. Man geht allem aus dem Weg, was Opfer und Verzicht beinhaltet, vermeidet die Mühe, gegen den Strom des Konformismus zu schwimmen. Doch wie gesagt: Ohne Tapferkeit gibt es auf Erden keine Gerechtigkeit; ohne Tapferkeit vermag keiner im Guten durchzuhalten, ohne Tapferkeit wird unsere Gesellschaft geprägt von Unzufriedenen und Frustrierten, sodass viele Menschen psychisch und womöglich

auch körperlich Schaden nehmen. Lassen wir uns also nicht von Verzagtheit und innerer Zerrissenheit gefangen nehmen, sondern bitten wir Gott um die Gabe der Tapferkeit. Seien wir uns unserer eigenen Stärke nicht zu sicher: Zu meinen, wir könnten alles aus eigener Kraft, wäre eine Illusion, ein Zeichen großer Schwäche. In Gott allein liegt unsere Stärke.

MÄSSIGUNG

Die vierte Kardinaltugend, die Mäßigung, heißt im Lateinischen *temperantia* (von *temperare* = in das richtige [Mischungs-]Verhältnis bringen; etwas für den Gebrauch herrichten). Wir kennen das Wort aus verschiedenen Ableitungen: Temperafarben sind eine Mischung aus anorganischen Pigmenten, Ölen und einem Bindemittel; Temperament nennen wir die Mischung von Eigenschaften, die einen Menschen charakterisieren; in einem gut temperierten Zimmer ist es weder zu kalt noch zu warm. Die *temperantia* meint die Fähigkeit, die eigenen Wünsche und Triebe in ausgeglichener Weise und im rechten Maß zu befriedigen. Sie hat mit Selbstbeherrschung, Ordnung und Maß, Harmonie, Gleichgewicht und Kontrolle über sich selbst zu tun.

Mäßigung nach dem Beispiel Christi: nicht gefühllose Kälte, sondern Harmonie

Im traditionellen christlichen Verständnis gehören zur Tugend der Mäßigung ethische, spirituelle und asketische Aspekte. Es geht um den Weg des Menschen, der in die Nachfolge Christi tritt. Paulus ermahnt die Galater: „Alle, die zu Christus Jesus gehören, haben das Fleisch und damit ihre Leidenschaften und Begierden gekreuzigt. Wenn wir aus dem Geist leben, dann wollen wir dem Geist auch folgen" (Gal 5,24f). Im Römerbrief schreibt er: „Die Nacht ist vorgerückt, der Tag ist nahe. Darum lasst uns ablegen die Werke der Finsternis und anlegen die Waffen des Lichts. Lasst uns ehrenhaft leben wie am Tag, ohne maßloses Essen und Trinken, ohne Unzucht und Ausschweifung, ohne Streit und Eifersucht. Legt (als neues Gewand) den Herrn Jesus Christus an, und sorgt nicht so für euren Leib, dass die Begierden erwachen" (Röm 13,12-14).

Mäßigung wird also als Nachfolge Christi verstanden: Jesus Christus ist das Vorbild für einen Menschen, der für sein Leben die rechten Maßstäbe gefunden hat. Jesu ganzes Leben spiegelt diese rechte Ordnung – auch in den extremen Augenblicken seines Leidens und Sterbens. An Jesus können wir ablesen, dass eine christliche *temperantia* nicht im Fehlen oder Unterdrücken von Emotionen und Wünschen besteht, sondern in ihrem Zusammenspiel. Sie zeigt sich in seiner Lebhaftigkeit, Begeisterung und Kreativität, in seiner Art des Umgangs mit den Menschen. Voller Liebe spricht er von Tieren, Blumen, vom Himmel. In Jesus fügen sich Wünsche und Gefühle zu einem wohlgeordneten Ganzen.

Auch im Leben vieler Heiliger wird die Schönheit solcher Mäßigung deutlich: Denken wir an Franz von Assisi, an seine Liebe zu allen Kreaturen, an seine Fähigkeit, sich zu freuen. Jesus und die Heiligen bezeugen, dass christliche Mäßigung mit kalter, gefühlloser Härte nichts gemein hat. Vielmehr ist sie ein anderes Wort für Harmonie, Ordnung und somit auch für Kreativität und Freude.

Beispiele für ein Leben „im rechten Maß"

Im Katechismus der katholischen Kirche wird die Mäßigung beschrieben als „jene sittliche Tugend, welche die Neigung zu verschiedenen Vergnügungen zügelt und im Gebrauch geschaffener Güter das rechte Maß einhalten lässt. Sie sichert die Herrschaft des Willens über die Triebe und lässt die Begierden die Grenzen des Ehrbaren nicht überschreiten" (Nr. 1809). Die Mäßigung betrifft also unseren Umgang mit den geschaffenen Gütern, mit unseren Trieben, Wünschen und Begierden. Stichpunktartig möchte ich einige Bereiche herausgreifen.

– Mäßigung im Essen und Trinken, das heißt Abstinenz, Fasten, Achten auf die Gesundheit. Wer aus gesundheitlichen Gründen Diät hält, praktiziert die Tugend der Mäßigung; übertriebener Genuss von Alkohol oder sonstiger Drogenkonsum stehen zu ihr im Widerspruch. Schon Paulus mahnte in der zitierten Römerbriefstelle vor „maßlosem Essen und Trinken".

– Kontrolle über sexuelle Begierden. Die paulinische Mahnung, nicht in „Unzucht und Ausschweifung" zu leben, betrifft die Keuschheit, den wachsamen Gebrauch der Sinne, der Augen, den Umgang mit unserer Fantasie und unser Verhalten. Auch beim Fernsehen und bei unserer Lektüre sind bewusste Entscheidungen nötig. Fehlende Mäßigung kann auf schlimme Abwege führen, auch im sexuellen Bereich.

– Maßhalten im Umgang mit materiellen Gütern, im Besonderen mit dem Geld. „Wenn wir Nahrung und Kleidung haben, soll uns das genügen. Wer aber reich werden will, gerät in Versuchungen und Schlingen, er verfällt vielen sinnlosen und schädlichen Begierden, die den Menschen ins Verderben und in den Untergang stürzen. Denn die Wurzel aller Übel ist die Habsucht" (1 Tim 6,9f). Zu Korruption in der Verwaltung, Politik und Wirtschaft kommt es, wenn Einzelne oder Gruppen habgierig werden. Unter dem Stichwort „Gerechtigkeit" haben wir dies bereits angesprochen; im Zusammenhang mit der Tugend der Mäßigung möchte ich nochmals darauf zurückkommen, weil sie die Habsucht als Quelle der Ungerechtigkeit von der Wurzel her beseitigen kann. Auch der Genusssucht vermag sie Schranken zu setzen, dem unkontrollierten Geldausgeben für Kleidung, für die Wohnung, für das Zweit- oder Drittauto, für Vergnügungen. Wer sich um die Tugend der Mäßigung bemüht, wird leichter das jeweils richtige Maß finden: das, was ihm in seiner Situation entspricht, ohne Verschwendung und ohne Angeberei.

– Das rechte Maß im Streben nach Ansehen und Erfolg. „Alles, was in der Welt ist, die Begierde des Fleisches, die Begierde der Augen und das Prahlen mit dem Besitz, ist nicht vom Vater, sondern von der Welt. Die Welt und ihre Begierde vergeht; wer aber den Willen Gottes tut, bleibt in Ewigkeit" (1 Joh 2,16f). Mäßigung hängt mit recht verstandener Demut zusammen, mit Bescheidenheit und einfachem, ungekünsteltem Auftreten; sie ist das Gegenteil von Arroganz, Anmaßung, von ungezügeltem Machthunger.

– Beherrschung im Zorn. Die Mäßigung lehrt uns, die Kontrolle über Anwallungen von Wut und Zorn zu bewahren, über kleinere oder größere Rachegelüste, wie sie auch im familiären Umfeld oder unter Freunden und Bekannten aufkommen können. Sie ist jene Tugend, die uns die nötige Ausgeglichenheit verleiht, um auf das Negative positiv reagieren zu können, um in rechter Weise einen Tadel auszusprechen und nötigenfalls auch eine angemessene Strafe zu erteilen. Fehlt es uns an dieser Beherrschung im Zorn, riskieren wir unkontrollierbare Streitigkeiten, schwere Kränkungen, auch in der Familie.
Die Tugend der Mäßigung weist den „Weg der Mitte“: Sie meint nicht ein gleichgültiges Alles-laufen-Lassen, ohne je einzugreifen. Vielmehr kommt es darauf an, die berechtigten Forderungen nach Ernsthaftigkeit und rechter Strenge mit der Bereitschaft zu Verständnis und zur Vergebung in Einklang zu bringen.

Der Wert der Mäßigung

Die Beispiele zeigen, wie sehr die Mäßigung unseren Alltag betrifft. Sie hilft uns, gelöster zu leben; sie ist eine Quelle der Selbstherrschung und echter Freude. Denn sie bewahrt uns die Fähigkeit, auch für kleine Freuden von Herzen danken zu können. Die Mäßigung macht das Leben schöner, harmonischer.
Hingegen führen Schrankenlosigkeit, Maßlosigkeit, der Wunsch, alles zu sehen und alles zu

wissen, mit der Zeit zu innerer Verhärtung und Nervosität. Die Sinne stumpfen ab, man verliert den Blick für das Schöne, ist gelangweilt, die heitere Gelassenheit und der Friede gehen verloren. Wer sich nicht unter Kontrolle hat, wird merken, dass die sich selbst überlassenen Triebe sich zerstörerisch auswirken.

Im oben zitierten Brief des Paulus an Timotheus ist von „Verderben und Untergang" die Rede, von der schmerzlichen Erfahrung, dass ein Nachgeben gegenüber unkontrollierten Begierden vielerlei Leiden nach sich zieht.

Der philosophisch-anthropologische Grund dafür liegt darin, dass der Mensch im Unterschied zum instinktgesteuerten Tier lernen muss, seine Triebe mit Vernunft und Willen zu lenken. Wir können uns nicht einfach der Macht der Triebe überlassen. „Folg nicht deinem Herzen und deinen Augen, um nach dem Begehren deiner Seele zu leben" (Sir 5,2).

Will der Mensch wissen, wie er sich verhalten soll, muss er nachdenken und seine Vernunft gebrauchen – als Christen fügen wir hinzu: seine vom Glauben erleuchtete Vernunft.

Das Bemühen, so zu handeln, wird auch Aszese genannt. Es ist eine Übung, ein Training, eine Selbsterziehung des Willens nach den Kriterien der Vernunft. Aus Erfahrung wissen wir, wie wichtig Opfer und ein noch so kleiner bewusster Verzicht für den Erwerb solcher Selbstbeherrschung sind. Wir müssen lernen, gern kleine, spontane Opfer zu bringen.

„Seid also maßvoll und nüchtern, damit ihr euch dem Gebet widmen könnt“ (1 Petr 4,7).
In dieser Mahnung wird ein bedenkenswerter Zusammenhang zwischen der Mäßigung und dem Gebet hergestellt. Ein besonnenes Maßhalten kommt dem Beten zugute; Maßlosigkeit, Genusssucht und übertriebene Neugier hingegen schaden ihm. Oft tun wir uns schwer mit dem Beten; hängt es womöglich auch damit zusammen, dass wir unseren Leidenschaften freien Lauf lassen, dass wir vielleicht auch in kleinen Dingen unsere Begierden nicht unter Kontrolle halten?

GLAUBE – HOFFNUNG – LIEBE

Die Tugenden, die wir im Folgenden betrachten, sind typisch biblisch: Glaube, Hoffnung und Liebe. Sie sind untrennbar miteinander verbunden. Schon in seinem ältesten uns überlieferten Brief stellt Paulus sie nebeneinander: „Unablässig erinnern wir uns vor Gott, unserem Vater, an das Werk eures *Glaubens*, an die Opferbereitschaft eurer *Liebe* und an die Standhaftigkeit eurer *Hoffnung* auf Jesus Christus, unseren Herrn" (1 Thess 1,3). Die Dreiheit ist in die Tradition eingegangen; wir finden sie bei den Kirchenvätern wie in der katechetischen Unterweisung. Es handelt sich um grundlegende Haltungen der Jüngerinnen und Jünger Christi. Auch sie sollen sich durch Klugheit, Gerechtkeit, Tapferkeit und Mäßigung auszeichnen, Christen aber sind sie, wenn diese aus dem Erdreich von Glaube, Hoffnung und Liebe erwachsen. Darum hätten wir unsere Reflexion auf die Tugenden auch damit beginnen können; ich habe die Kardinaltugenden vorangestellt, weil sie erstrebenswerte Haltungen sind, die alle Menschen unabhängig von ihrer Glaubensüberzeugung verbinden.

Auf diesen wenigen Seiten darzulegen, was Glaube, Hoffnung und Liebe meinen, ist unmöglich. In ihrer Dreiheit sind sie die umfassende Antwort des Menschen auf die Liebe des dreifaltigen Gottes, der sich uns in Jesus Christus offenbart hat. Sie sind innerlich mit dieser Offenbarung verbunden; davon losgelöst, hätte der

Glaube keinen Sinn, ist er doch das Ja des Menschen zu dem sich offenbarenden Gott. Auch die Hoffnung wäre dahin; denn sie gründet auf der göttlichen Verheißung ewigen Lebens. Und es gäbe nicht jene Liebe, die Maß nimmt an der göttlichen Liebe, wie sie sich in Jesus manifestiert. Darin sind diese drei Tugenden verankert, und deshalb werden sie als theologale, theologische oder auch göttliche Tugenden bezeichnet. Sie sind nicht nur auf unser Verhältnis zu Gott bezogen, sondern es ist Gott, der sie ermöglicht. Aus seiner Liebe, seinem Wohlwollen gehen sie hervor. Er ist es, der uns die Gnade schenkt, zu glauben, zu hoffen und zu lieben. Diese Tugenden sind das göttliche Leben in uns, die Antwort, die der Heilige Geist in uns auf das Wort Gottes weckt. Stark, klug, gerecht und maßvoll können wir bis zu einem gewissen Grad auch von uns aus sein; zu glauben, zu hoffen und zu lieben aber vermögen wir nur, wenn Gott selbst es uns in freier Initiative schenkt.

GLAUBE

Der Glaube ist etwas so Großes, dass es leichter ist, ihn anhand von Beispielen zu verstehen als durch Worte. Glaube ist die Haltung des Abraham, der dem Herrn, der ihn ruft und auf die Probe stellt, antwortet: „Hier bin ich!“ (Gen 22,1). Glaube ist die Haltung des Mose, der dem, der ihn aus dem brennenden Dornbusch anspricht, zur Antwort gibt: „Hier bin ich!“ (Ex 3,4). Glaube ist die Haltung des Samuel, der auf den nächtlichen Ruf Gottes mit demselben „Hier bin ich!“ antwortet (1 Sam 3,4.10). Glaube ist die Haltung Marias, die dem Engel antwortet: Hier bin ich; „ich bin die Magd des Herrn; mir geschehe, wie du es gesagt hast“ (Lk 1,38).
Der Glaube ist unser „Ja“ zu Gott, der sich offenbart, der sich uns zeigt und zu uns spricht. Die Wörter „glauben“, „Glaube“ finden sich an vielen Stellen der Heiligen Schrift, auch des Neuen Testaments: in den Evangelien wie in der Apostelgeschichte, in den Briefen des Paulus wie in denen des Petrus, Jakobus und Johannes. Der Glaube ist der Ausgangspunkt, die Quelle eines Lebens in Verbundenheit mit Gott.
Im Alten Testament bezieht sich das Ja des Menschen auf Gottes vielfältiges Wirken: Es ist Antwort darauf, dass der Herr rettet, ruft, befreit, einlädt. Neutestamentlich bezieht sich der Glaube insbesondere auf das Heil, das Gott uns in Jesus anbietet. Er meint jenen entscheidenden, grundlegenden Akt, in dem der Einzelne die Offenbarung des göttlichen Heilsplans in Jesus

Christus annimmt: Glaube ist das Ja zur Frohen Botschaft, zu Jesus, der für uns gestorben und auferstanden ist und uns den Heiligen Geist schenkt. Auf dieses Evangelium antworten wir: Ja, ich glaube.
Im Katechismus der katholischen Kirche wird der Glaube so beschrieben: „Der Glaube ist jene göttliche Tugend, durch die wir an Gott und an all das glauben, was er uns gesagt und geoffenbart hat und was die heilige Kirche uns zu glauben vorlegt. Denn Gott ist die Wahrheit selbst" (Nr. 1814). Glaube beinhaltet das Ja zum Credo der Kirche, das wir in der sonntäglichen Messe sprechen. In einer Kurzformel bekennen wir diesen Glauben auch beim Kreuzzeichen: „Im Namen des Vaters und des Sohnes und des Heiligen Geistes" – das Zeichen des Kreuzes ist das Kennzeichen des gläubigen Christen.

Der Glaube durchwirkt das ganze Leben

Der Glaube ist im Leben des Christen das höchste Gut; er umfasst alles, was an Göttlichem in uns ist. Vom Augenblick der Taufe an ist er für uns das Leben. Wir bekennen den Glauben in der Feier der heiligen Messe mit jedem „Amen", das heißt: Ja, so ist es; ich glaube, dass es so ist. Alle guten Handlungen sind getragen vom Glauben an den Gott, der uns zuerst geliebt hat. Der Glaube trägt und durchwirkt unser ganzes Leben, jede Faser unserer Existenz, Tag für Tag, Augenblick für Augenblick. Aus dem Glauben erwächst unser Beten ebenso wie unser Einsatz für die Gerechtigkeit. Er ist die Substanz allen Tuns des Christen.

Warum glauben?

Der Katechismus gibt, wie gesagt, als Grund unseres Glaubens an, dass Gott „die Wahrheit selbst" ist (Nr. 1814). Ich möchte in zweifacher Weise versuchen, dies zu erläutern.
Wir glauben, weil Gott zu uns gesprochen hat in Zeichen, die uns einladen, seine Offenbarung anzuerkennen: Die Heilsgeschichte, das ganze Leben Jesu, seine wunderbaren Taten und seine Verkündigung, sein Tod und seine Auferstehung bezeugen, dass Gott gesprochen hat. Auch das Leben der Kirche gibt davon Zeugnis. Wenn wir die Einladung, seinem Wort zu glauben, annehmen, ist dies zugleich ein Akt des Glaubens an die Wahrheit Gottes, an seine Wahrhaftigkeit und Verlässlichkeit: Er ist das Fundament unseres Glaubens.
Neben den Gründen, welche die Vernunft zum Glauben anregen, hat das Herz seine eigenen Gründe. Der Glaube macht uns offen und empfänglich für das göttliche Leben, lässt uns in die Gemeinschaft mit dem Herrn treten, dem wir sagen dürfen: „Du bist mein!" Und er sagt uns: „Ich bin dein!" Mit dem Glauben binden wir uns ganz eng an Gott, treten ein in die tiefste Einheit mit dem Vater, dem Sohn und dem Heiligen Geist. Wir glauben, weil dies das höchste Gut des Men-

schen ist, weil der Glaube uns teilgibt an der Kenntnis Gottes und an seiner Weise der Erkenntnis. Weil die Kirche aus der Überzeugung lebt, dass es kein höheres Gut gibt als den Glauben, ist sie eine missionarische Kirche: Sie möchte der ganzen Welt die großartige Möglichkeit verkündigen, die Gott ihr aufgetan hat: teilzuhaben an der Gemeinschaft mit ihm, dem lebendigen Gott.

Schwierigkeiten zu glauben

Es gibt viele Schwierigkeiten mit dem Glauben. Die Ursachen dafür können intellektueller wie gefühlsmäßiger Art sein.
– Vielleicht fragen wir uns: Ist es wirklich vernünftig zu glauben? Wie kann ich ja sagen zu etwas, was mein Verstehen übersteigt? Solchen Fragen sollten wir auf den Grund gehen, uns damit beschäftigen, uns informieren und weiterbilden; wir können versuchen, die Probleme der Reihe nach zu lösen. Zugleich sollten wir uns in der Geduld üben: Vergegenwärtigen wir uns, ohne etwas zu überstürzen, aufs Neue die großen Gewissheiten, auf denen der Glaube ruht. Dazu gehört, dass wir die Heilige Schrift lesen, das Evangelium meditieren: Dort findet unser Glaube Nahrung, Motivation und Halt.
Ein Christ, der seinen Glauben nicht nährt, läuft Gefahr, ihn gleichsam verhungern zu lassen. Sein Glaube wird so schwach, dass er eventuellen Einwänden nichts mehr entgegenzusetzen

hat. Intellektuelle Glaubensprobleme gründen häufig darin, dass jemand sich nicht um eine tiefere Durchdringung der Heiligen Schrift und der Glaubenslehre bemüht.
– Auch Gefühle und Empfindungen beeinflussen unseren Glauben. „Ich spüre nichts mehr; Gott schweigt, er hört mein Gebet nicht …“ Ein solches „Schweigen Gottes“, Zeiten der inneren Trockenheit und Wüste können ernste Glaubensnöte auslösen. Wie lassen sie sich überwinden? Zunächst möchte ich daran erinnern, dass der Glaube durch derartige gefühlsmäßige Schwierigkeiten geläutert wird, nicht aber abnimmt. Dies zu wissen ist von fundamentaler Bedeutung. Wenn wir Momente innerer Trockenheit durchleben, wenn uns alles dunkel erscheint, beginnen wir tiefer zu begreifen: Gott ist ein ganz Anderer, er ist nicht wie wir. Wir dürfen ihn nicht mit unseren Gefühlen identifizieren, uns kein Gottesbild nach unserem Geschmack und unseren Vorstellungen machen. Gott ist immer anders, jenseits von allem, was wir denken und fühlen und uns ausmalen können. Gerade in Phasen, in denen wir nichts „spüren“, reift der Glaube, wird er echter und reiner. Wenn wir in Zeiten innerer Trockenheit treu sind, werden wir das wahre Antlitz Gottes entdecken, der ganz nah und zugleich jenseits von allem ist. Doch wir brauchen eine große Ausdauer, den Mut, allen Versuchungen zu widerstehen, die uns überkommen, wenn wir nichts empfinden und keinen „Geschmack“ mehr an Gott haben. Dann sollten wir inständig beten und mit einem Akt

des Willens bekennen, dass unser Vertrauen auf das Geheimnis Gottes nicht an unsere Empfindungen gebunden ist. Der Glaube wird dadurch fest und stark.

– Eine weitere Ursache für Glaubensprobleme kann darin liegen, dass wir Entscheidungen treffen, die dem Willen Gottes und seinen Geboten zuwiderlaufen. Dann wäre es uns lieber, Gott existierte nicht. Wir werden empfänglich für dieses und jenes Argument gegen den Glauben. So mancher Einwand hängt auch damit zusammen, dass unser Leben als Christen, unser Verhalten nicht dem Evangelium entspricht. Wir müssen immer wieder neu den Weg der Umkehr beschreiten und lernen, so zu denken und zu handeln, wie es der Wahrheit Gottes entspricht. Dann wird es uns auch leichter fallen zu glauben.

Bitten wir den Herrn, unseren Glauben zu stärken, wie Charles de Foucauld, der sich auch in Zeiten innerer Dunkelheit Gott überlassen hat: „Mein Vater, ich überlasse mich dir. Mach mit mir, was dir gefällt. Was du auch mit mir tun magst, ich danke dir. Zu allem bin ich bereit, alles nehme ich an. Wenn nur dein Wille sich an mir erfüllt und an allen deinen Geschöpfen, so ersehne ich weiter nichts, mein Gott. In deine Hände lege ich meine Seele. Ich gebe sie dir, mein Gott, mit der ganzen Liebe meines Herzens, weil ich dich liebe und weil diese Liebe mich treibt, mich dir hinzugeben, mich in deine Hände zu legen, ohne Maß, mit grenzenlosem Vertrauen. Denn du bist mein Vater."

HOFFNUNG

Nie werde ich meine erste Feier der heiligen Messe in der Jerusalemer Grabeskirche vergessen. Es war im Jahre 1959, am 13. Juli, dem Jahrestag meiner Priesterweihe. Nur gebückt gelangt man in den kleinen Raum, wo der Stein verehrt wird, auf dem der Leichnam Jesu ruhte. Noch heute erinnere ich mich an die Gedanken, die mir kamen, als ich die Stelle betrachtete: Alle Religionen, sagte ich mir, haben sich mit dem Problem des Todes beschäftigt, haben nach seinem Sinn gefragt und danach, was nach dem Tod kommt. Und ich zelebriere nun die Messe an der Stelle, wo der tote Jesus gelegen hat und auferstand als Lebender. Da ist die Antwort, die einzigartige christliche Antwort auf die Frage, die alle Menschen zu allen Zeiten bewegt: Was können wir nach dem Tod erhoffen?

Das Thema Hoffnung betrifft vor allem jenen dramatischen Augenblick, der kein Zurück kennt: den Tod. Im Angesicht des Todes muss die Tugend der Hoffnung ihre Kraft erweisen. Niemand kann dem Tod entrinnen. Auch wenn der Bogen unserer Zukunftserwartungen noch so weit gespannt ist, wenn wir für unser eigenes Leben und für das Schicksal der Völker und der Welt im Ganzen noch so viele Erwartungen hegen: Die Frage nach dem Tod bleibt. Was wird aus mir, aus uns, aus der Menschheit? Das sind Fragen nach der Hoffnung. Hoffen heißt der Gegenwart Sinn geben. Hoffen heißt sich aufmachen, Grund haben, nicht stehen zu bleiben.

Wie steht es um unsere Hoffnung?

Ist die Hoffnung in mir lebendig? Oder ist sie nur ein leeres Wort? Versuchen wir ehrlich zu antworten, ohne Furcht vor dem eventuellen Eingeständnis, dass unsere, dass meine Hoffnung sich auf einen bloßen Hoffnungsschimmer beschränkt. Schon dies wäre viel!
Vor dem Hintergrund der Paulusbriefe hat der Exeget Heinrich Schlier einmal die Folgen mangelnder Hoffnung in der Welt beschrieben. Er stellt fest: Wo das menschliche Leben nicht auf Gott gerichtet ist, wo es nicht seinem Anruf und seiner Einladung verpflichtet ist, müht man sich ab, die aufreibende Leere und Traurigkeit, die aus solcher Hoffnungslosigkeit erwachsen, zu überwinden. Symptome für das Fehlen der Hoffnung sieht er im Wortschwall leerer Reden, im dauernden Bedürfnis zu diskutieren, in einer unersättlichen Neugier. Man verliert sich in der uferlosen Fülle unterschiedlicher Möglichkeiten, findet keine Orientierung, wird innerlich und äußerlich unruhig. Nervosität, wankelmütige Entscheidungen und die Jagd nach immer neuen Eindrücken und Empfindungen sind weitere Konsequenzen, auf die Schlier hinweist. Diese Beobachtungen zeigen den Ernst der Frage nach der Hoffnung, nach der christlichen Hoffnung.

Christliche Hoffnung

Je mehr ich über die christliche Hoffnung nachdenke, desto mehr gewinne ich den Eindruck, dass sie nicht in Worte gefasst werden kann. Sie gleicht einem inneren Vulkan, einer verborgenen, sprudelnden Quelle in unserem Herzen, einem Frühling in den Tiefen der Seele. Sie ist wie ein göttlicher Strudel, der den Menschen erfasst. Sie entzieht sich jeder Beschreibung; dennoch will ich versuchen, eine Vorstellung von der christlichen Hoffnung zu geben.

– Hoffnung ist ein universales Phänomen: Wo Menschen sind, gibt es, wächst auch immer wieder Hoffnung. Sie umfasst drei konstitutive Elemente: eine erwartungsvolle Ausrichtung auf die Zukunft; das Vertrauen auf die Verwirklichung solcher Zukunft; geduldiges, beharrliches Warten auf ihre Verwirklichung. Ohne Ausrichtung auf Zukunft ist menschliches Leben undenkbar: Wir leben von Plänen, Programmen und Erwartungen, von Geduld und Beharrlichkeit. Doch unser Leben ist auch von Enttäuschungen, vielleicht von Momenten der Verzweiflung durchzogen; beides zusammen prägt unsere Existenz. Die spezifisch christliche Hoffnung beinhaltet etwas von dieser allgemein menschlichen Hoffnung und unterscheidet sich doch von jeder Form innerweltlicher Hoffnung.

– Die christliche Hoffnung kommt von Gott; sie hat keinen innerweltlichen Ursprung. Sie erwächst nicht aus vielversprechenden Lebensumständen oder irgendwelchen Berechnungen. Sie ist weder Frucht menschlicher Voraussicht noch statistischer oder sonstiger Erhebungen, die „Anlass zu Hoffnung“ geben. Vielmehr ist sie ein Geschenk des Herrn. Oft vergessen wir diese grundlegende Wahrheit: Wir stützen uns oft auf andere Sicherheiten und machen das „Christliche“ unserer Hoffnung zu einer bloßen Zutat. Christliche Hoffnung heißt: Leben im Vertrauen auf Gott, sich ganz und gar den Händen des Vaters im Himmel zu überlassen. Er ist es, der diese Tugend in uns hervorbringt, sie nährt und stärkt. Das Unterscheidende der christlichen Hoffnung liegt in ihrem göttlichen Ursprung. Sie gründet in der Treue Gottes.

– Als theologale Tugend gibt uns die Hoffnung Anteil am Leben Gottes. Der Inhalt dieser Hoffnung, das, worauf sie sich richtet, ist ein unsagbares, unvorstellbares Geheimnis. Paulus schreibt in seinem Brief an die Römer: „Hoffnung ..., die man schon erfüllt sieht, ist keine Hoffnung. Wie kann man auf etwas hoffen, das man sieht?“ (Röm 8,24). Und im ersten Korintherbrief schreibt er: „Wir verkündigen, wie es in der Schrift heißt, was kein Auge gesehen und kein Ohr gehört hat, was keinem Menschen in den Sinn (wörtlich: ins Herz) gekommen ist: das Große, das Gott denen bereitet hat, die ihn lieben“ (1 Kor 2,9). Kein Menschenherz kann sich eine Vorstellung davon machen. Das Objekt unserer Hoffnung, das, was Gott uns bereitet hat, übersteigt alles, was wir uns erträumen, ausdenken und wünschen können. Aber es stillt alle Sehnsucht, erfüllt alle Wünsche auf unbeschreibliche Weise. Der Inhalt christlicher Hoffnung ist das, womit Gott uns erfüllt und erfüllen wird, wenn wir uns ganz auf ihn verlassen.

– Ziel- und Orientierungspunkt dieser Hoffnung ist Jesus Christus, der wiederkommen wird. Was Gott uns in seiner grenzenlosen Liebe bereitet, ist keine unbekannte Größe: Es ist Jesus, der Herr in Herrlichkeit. Wir hoffen, dass Jesus uns unverhüllt, in seiner göttlichen Macht als der Gekreuzigt-Auferstandene begegnen wird, jedem Einzelnen von uns und seiner ganzen Kirche. Wir hoffen, dass er uns eintreten lässt in seine Herrlichkeit als Sohn und dass er uns zum Vater führt. Wir hoffen auf das Reich Gottes, das Himmlische Jerusalem, das Leben in Gott.
Das ist unsere Hoffnung: für immer mit ihm zu leben, bei ihm zu sein, der unsere Liebe ist. Als Söhne und Töchter Gottes werden wir in ihm, dem Sohn, in der Herrlichkeit des Vaters leben, in der Fülle der Geistes. Dies ist der Zielpunkt christlicher Hoffnung.

– Eine wichtige Klarstellung darf an dieser Stelle nicht fehlen: Die Wiederkehr Christi, auf die wir hoffen, wird auch Gericht sein, eine „Krise“ in der ursprünglichen Bedeutung dieses griechischen Wortes: Scheidung, Gericht. Wenn Christus in der vom Vater festgesetzten Stunde wiederkommt, fällt für jeden Menschen die endgültige

Entscheidung über sein Leben. Es wird für jeden von uns, für die ganze Menschheit der kritische Moment, die Krise schlechthin, das Endgericht sein. In unserem eigenen Leben und in der Gesellschaft gibt es kleine und große Krisen aller Art: persönliche, familiäre, wirtschaftliche, konjunkturelle, soziale, politische und strukturelle. Doch all diese Krisen betreffen nur bestimmte Aspekte und lassen andere Bereiche unberührt. Es gibt unter der Sonne keine wirklich allumfassende Krise – Grund genug, in keiner Krise ganz die Fassung zu verlieren. Erschrecken sollten wir nur im Hinblick auf die einzige totale Krise: das endgültige Gericht, dem sich keiner entziehen kann. Darum mahnt Paulus:
„Richtet also nicht vor der Zeit; wartet, bis der Herr kommt, der das im Dunkeln Verborgene ans Licht bringen und die Absichten der Herzen aufdecken wird. Dann wird jeder sein Lob von Gott erhalten" (1 Kor 4,5).
Was sich in den Tiefen des Gewissens verbirgt, was wir vor anderen und vielleicht auch vor uns selbst verborgen haben, wird dann offenbar und dem göttlichen Richterspruch unterworfen. Öffentlich wird das endgültige Urteil über jeden verkündet, ein unparteiisches, gerechtes, sicheres Urteil.

– Dieser ergänzende Hinweis wirft die Frage auf, wie wir angesichts des uns erwartenden Gerichts Gottes Hoffnung haben können. Die Antwort finden wir im Blick auf Jesus: Auch im Gericht halten wir uns fest an ihn, der unsere Hoffnung ist. Er wird als Heiland und Erlöser alle, die auf ihn gehofft haben, richten. Er hat sein Leben hingegeben, um uns von unseren Sünden zu befreien. Er schaut barmherzig auf alle, die geglaubt und gehofft haben, die auf seinen Tod getauft sind und mit ihm auferweckt werden, die sich im eucharistischen Mahl mit ihm vereint haben, sich nährten von seinem Wort, mit ihm versöhnt wurden im Sakrament der Buße, die, gestärkt durch die Krankensalbung, in ihm entschlafen sind. In Jesus gründet unsere Hoffnung für uns und die anderen. Hoffnung ist das unzerstörbare Vertrauen – schon hier und jetzt –, dass Gott uns in keinem Augenblick den nötigen Beistand fehlen lässt, um dem Gericht zuversichtlich entgegenzugehen. Alle Zuversicht dürfen wir auf den setzen, der uns aus der Sünde errettet und die Toten erweckt. Jesus ist also unsere Hoffnung, unser Heil, unsere Erlösung, unsere Gewissheit. Er trägt und stärkt uns auf den schwierigen Lebenswegen, er lässt uns tagtäglich kleine und große Krisen bestehen. Mit ihm gehen wir voran, den Blick auf das Ziel gerichtet: auf die vollkommene Freude, die umfassende Gerechtigkeit und die Versöhnung, die uns in ihm geschenkt werden. In jeder Eucharistiefeier vergegenwärtigt sich seine Hingabe für uns, schenkt er uns seine Barmherzigkeit, taucht er uns schon jetzt ein in die Liebe des Vaters.

Wir haben versucht, etwas vom Horizont und Ziel christlicher Hoffnung einzufangen, von der Freude, die sie schenkt, und der Wachsamkeit,

die sie nahelegt. Schlagen wir nun die Brücke zum eigenen Leben. Falls wir feststellen, dass unsere Hoffnung angefochten, schwach, verengt ist, ist dies ein Grund zu beten: „Vater, schenke uns das tägliche Brot der Hoffnung!"
Denn wir benötigen die Hoffnung wie die Luft zum Atmen, wie Wasser und Brot. „Herr, schenke uns und unserer Gesellschaft die Hoffnung, deren sie so sehr bedarf!"

„Herr Jesus, du bist mein Leben, mein Ein und Alles, Tag für Tag. Für jede Hilfe bin ich dir zutiefst dankbar. Aber auch wenn ich allein wäre, Herr, auch wenn niemand mir die Hand reichte, wenn kein Bruder mir zur Seite stünde, wüsste ich: Du allein genügst! Mit dir wage ich den neuen Anfang. Meine Sehnsucht und all meine Hoffnung bist du."

Nach einem Gebet des Mailänder Priesters Luigi Serenthà, gest. 1986

LIEBE

Zum Bild des neuen Menschen in Christus, das wir anhand der Tugenden nachzeichnen wollen, gehört ganz wesentlich die Liebe. Paulus schreibt in seinem Hohenlied auf die Liebe, dass sie „nie aufhört“ und unter den Tugenden Glaube, Hoffnung und Liebe „am größten“ ist (vgl. 1 Kor 13,8.13). Liebe – ein unausschöpfliches Wort! Der Mensch ist geschaffen, um zu lieben; in vollem Sinne leben heißt: in Liebe brennen. Von T. S. Eliot stammt das Wort, Liebe sei der Name dessen, der mit seinen Händen „das unerträgliche Feuerhemd strickte, das keine menschliche Kraft entfernen kann. Wir leben, wir atmen nur, wenn wir brennen, brennen“. Der Mensch ist zum Lieben geboren.
Liebe ist ein derart missverstandenes Wort ... Wie viele verkehrte Formen von „Liebe“, wie viele Entartungen der Liebe gibt es: Eifersucht, Vereinnahmung, Haben-Wollen ... In fünf Schritten möchte ich der Frage nachgehen, in welcher Beziehung die vielfältigen positiven und negativen Erfahrungen menschlicher Liebe und die christliche Liebe zueinander stehen.

1. Das Fundament der christlichen Liebe

Die Grundlage eines christlichen Verständnisses von Liebe ist die Kundgabe der Liebe Gottes in Jesus Christus: die Liebe des menschgewordenen Sohnes Gottes, die Offenbarung der Liebe des dreifaltigen Gottes selbst.

Ein Abschnitt aus den Abschiedsreden Jesu im Johannesevangelium führt uns diese Liebe vor Augen (Joh 15,9-12). Zunächst ist von der Liebe in der Dreifaltigkeit die Rede, von der Liebe des Vaters zum Sohn, von der Liebe, welche die Person des Heiligen Geistes ist: „Wie mich der Vater geliebt hat ..., so habe auch ich euch geliebt", fährt Jesus fort. Die Liebe, die der Vater zu ihm hat, hat Jesus uns erwiesen. Unsere Antwort darauf ist die Liebe zu ihm, das Bleiben in der Liebe Jesu: „Bleibt in meiner Liebe!", trägt Jesus uns auf. „Wenn ihr meine Gebote haltet, werdet ihr in meiner Liebe bleiben, so wie ich die Gebote meines Vaters gehalten habe und in seiner Liebe bleibe. Dies habe ich euch gesagt, damit meine Freude in euch ist und damit eure Freude vollkommen wird." Seine Liebe wirkt weiter in unserer Liebe zueinander: „Das ist mein Gebot: Liebt einander, so wie ich euch geliebt habe." Von christlicher Liebe können wir also nur sprechen, wenn wir von der Liebe ausgehen, mit der Gott, der Vater, uns geliebt hat – in Jesus, in der Gabe des Heiligen Geistes.

2. Drei Ausdrucksformen der Liebe

Liebe meint zunächst die Liebe Gottes zu uns, sodann unsere Liebe zu ihm und schließlich unsere Liebe zu den anderen, zueinander.

– Von der Liebe Gottes zu uns Menschen spricht die Heilige Schrift an vielen Stellen. Neben dem zitierten Abschnitt aus Joh 15 seien zumindest zwei weitere Beispiele genannt: „Gott hat die Welt so sehr geliebt, dass er seinen einzigen Sohn hingab“ (Joh 3,16); „Die Liebe Gottes wurde unter uns dadurch offenbart, dass Gott seinen einzigen Sohn in die Welt gesandt hat, damit wir durch ihn leben. Nicht darin besteht die Liebe, dass wir Gott geliebt haben, sondern dass er uns geliebt und seinen Sohn als Sühne für unsere Sünden gesandt hat“ (1 Joh 4,9f).

– Unsere Liebe zu Gott. Als ein Schriftgelehrter Jesus fragte, welches Gebot das erste von allen sei, antwortete er: „Das erste ist: Höre Israel, der Herr, unser Gott, ist der einzige Herr. Darum sollst du den Herrn, deinen Gott, lieben mit ganzem Herzen und ganzer Seele, mit all deinen Gedanken und all deiner Kraft“ (Mk 12,30).

– Die Liebe zum Nächsten. Jesus fährt in seiner Antwort auf die Frage nach dem Hauptgebot fort: „Als zweites kommt hinzu: Du sollst deinen Nächsten lieben wie dich selbst“ (Mk 12,31). Im Johannesevangelium findet sich die Weiterführung: „… wie ich euch geliebt habe“. Ja, es geht Jesus um eine Liebe, die selbst unsere Feinde einbezieht (vgl. Lk 6,27).

3. Eine einzige Liebe

Die drei genannten Gestalten der Liebe, die wir gewöhnlich unterscheiden, sind in Wahrheit engstens miteinander verbunden. Sie bilden eine einzige Wirklichkeit, und es ist diese Einheit,

welche die Liebe im christlichen Verständnis kennzeichnet: die Zusammengehörigkeit von Gottes Liebe zu uns, unserer Liebe zu ihm und unserer Liebe zu den anderen.
Gott hat uns zuerst geliebt; unsere Liebe ist Antwort, die zu ihm zurückkehrt. Es gibt keine christliche Nächstenliebe ohne die zuvorkommende Liebe Gottes zu uns, die er uns in Jesus schenkt. Es gibt aber auch keine echte Liebe zum Herrn ohne die Liebe zu den Menschen, ja es gibt weder Glauben noch Hoffnung ohne Liebe (was freilich nicht heißt, dass die Liebe den Glauben und die Hoffnung überflüssig machen oder ersetzen könnte!).

4. Christliche und menschliche Liebe

Auf der Grundlage dieser Überlegungen können wir nun der Frage nachgehen, in welchem Verhältnis die christliche Liebe in ihren drei Ausdrucksformen und die Erfahrung menschlicher Liebe zueinander stehen. Wir kennen bewundernswerte Formen menschlicher Liebe, etwa die Mutterliebe. Nicht selten verdient die Liebe einer Mutter zu ihrem Kind heroisch genannt zu werden. Denken wir an eine Mutter, die für ihren Sohn, ihre Tochter da ist mit einer bedingungslosen Liebe, die alles verzeiht, „alles erträgt, alles glaubt, alles hofft, allem standhält", um mit Paulus zu sprechen (vgl. 1 Kor 13,7). Denken wir auch an viele Beispiele von Vaterliebe.
Wenn ohne weiteres Attribut einfach von „Liebe" gesprochen wird, kommt uns zunächst die

Liebe zwischen Mann und Frau in den Sinn, die einzigartige Erfahrung der Liebe des Bräutigams zur Braut, der Braut zu ihrem Bräutigam, die eheliche Liebe.
Ferner gibt es die geschwisterliche Liebe, eine freundschaftliche Liebe, Liebe als Menschenfreundlichkeit: Gott sei Dank ist die Menschheitsgeschichte voll von Beispielen dafür, auch außerhalb des Christentums, auch in nichtreligiösen Kreisen. Liebe ist etwas dem Menschenherzen Inwendiges.
In der Theologiegeschichte und in der theologisch-philosophischen Reflexion ist immer wieder die Frage gestellt worden, wie sich all diese Formen menschlicher Liebe zur christlichen verhalten. Wir müssen lernen zu unterscheiden zwischen Formen wirklicher, echter Liebe und falschen Mystifizierungen, die mit wahrer Liebe nichts zu tun haben.
– In gewisser Hinsicht gleichen alle positiven Formen menschlicher Liebe der theologalen Tugend der Liebe. Sie ist eine Gabe Gottes, eine von Gott kommende Haltung, die zu den authentischen Ausdrucksformen menschlicher Liebe gehört und diese verlebendigt.
Die Liebe, die aus Gott kommt, die aus der Betrachtung des Gekreuzigten erwächst und vom Heiligen Geist in unsere Herzen ausgegossen ist, erfüllt und durchdringt alle positiven Verhaltensweisen und Haltungen des Menschen: den Glauben, die Hoffnung, die Klugheit, die Mäßigung, die Aufrichtigkeit, die Sorge für die anderen, die Geduld, die emotionale Ausgeglichen-

heit, den Fleiß. Die christliche Liebe ist somit nicht nur mit den Erfahrungen echter menschlicher Liebe innerlich verbunden, sondern mit allem, worin eine Frau, ein Mann ihr Menschsein positiv und authentisch zum Ausdruck bringen. Kurz: Christliche Liebe lässt sich von menschlicher Liebe, von wirklichem Menschsein nicht lösen.

– Und doch unterscheidet sich die christliche Liebe auch von allen gängigen Erfahrungen, von allem, was sich anhand von geschichtlichen Beispielen oder phänomenologischen Untersuchungen über die menschliche Liebe erheben lässt. Sie ist eine Gnade, Geschenk von oben, erwächst aus dem Glauben.

Dass sie über das Menschliche hinausgeht, zeigt sich besonders in der Feindesliebe, in der umsonst gewährten Vergebung. Dazu bedarf es etwas Größeren, einer Kraft, die uns nur aus dem Kreuz Christi zuwächst. Die göttliche Liebe entlarvt alle Fehlformen und Irrwege menschlicher Liebe, in die sich Egoismus, die Suche nach sich selbst eingeschlichen haben.

5. Wie sich Liebe zeigt und woraus sie erwächst

Christliche Liebe kann in vielen kleinen Dingen des Alltags zum Zuge kommen. Um sie zu üben, brauchen wir nicht auf weiß Gott welche Gelegenheiten zu warten. Es wäre auch ein Missverständnis zu meinen, sie sei an besondere Gefühle gebunden oder drücke sich in einer be-

sonderen inneren Ergriffenheit aus. Die Liebe ist in uns hineingelegt, unsichtbar ist sie da, und sie kann bei jeder noch so unscheinbaren Gelegenheit lebendig, konkret werden.
Dies können kleine Zeichen der Liebe zu Gott, der Liebe zu Jesus sein, etwa ein Stoßgebet: „Jesus, ich möchte dich immer mehr lieben!“, „Vater, ich liebe dich mit ganzem Herzen. Mein Herz soll dir gehören …“, „Komm, Heiliger Geist, lass meine Liebe wachsen …“
Die Liebe zum Nächsten kennt unsagbar viele Ausdrucksformen: ein Lächeln, ein Zeichen des Wohlwollens und Verstehens, Geduld … Die Liebe ist aus sich selbst etwas Großartiges und Erhabenes, sie macht auch die kleinen, einfachen Dinge groß.

Die Liebe wächst, wie gesagt, aus dem Glauben an die Zusage der Liebe Gottes zu uns. Der Glaube aber wächst aus dem Wort Gottes, das ihn aufkeimen lässt und stärkt. Darum ist es so wichtig, die Bücher der Heiligen Schrift, das Evangelium zu lesen und zu meditieren, sich treffen zu lassen von der großen Liebe, die Jesus uns durch sein Leben, in seinem Tod und in seiner Auferstehung gezeigt und erwiesen hat. Die Liebe in uns weitet sich in dem Maße, wie wir begreifen, wie sehr Jesus uns geliebt hat und liebt, wie er die Kleinen liebte, die Armen, die Aussätzigen, die Kranken, die Lästigen, die Feinde.

Da diese Liebe eine Gabe Gottes ist, sollten wir ihn um dieses Geschenk bitten:

„Mein Gott, ich liebe dich über alles.
Deine Güte kennt keine Grenzen;
unser ewiges Glück bist du.
Aus Liebe zu dir
möchte ich meine Nächsten lieben
wie mich selbst, stets bereit zur Vergebung.
Herr, gib, dass ich dich immer mehr liebe."

Die christliche Liebe, die aus der ewigen Liebe Gottes erwächst und auf die Ewigkeit gerichtet ist, beinhaltet ein „Mehr" gegenüber einer einfachen Menschenfreundlichkeit. Ihr geht es darum, dass alle, die wir lieben, eine tiefe Erfüllung ihrer Sehnsucht bei Gott finden.

Am Ende unserer Besinnung auf die Tugenden bleibt mir der Wunsch, dem Herrn zu danken: für das menschliche Leben, für den großen Plan, den er für jeden Einzelnen hat, für das, was er uns schenkt und schenken will. Solcher Dank ist zugleich ein Bekenntnis zur Würde jedes Menschen, der berufen ist, am Leben Gottes teilzuhaben. Verbinden wir mit diesem Dank auch die Bitte um die Kraft des Heiligen Geistes, dass er uns befähige, jedem Menschen Ehre zu erweisen und mitzubauen an einer neuen Kultur des Lebens.